Rezepte für eine lebenswerte Stadt

CITTASLOW DEUTSCHLAND

cittaslow

Internationale Vereinigung der lebenswerten Städte

cittaslow Deutschland e.V. (Herausgeber)
pmv Peter Meyer Verlag, Saulheim in Rheinhessen 2023

INHALT

VORWORT

Was bedeutet heute Lebensqualität? Wie kann man sie erreichen? Was können Städte und Gemeinden tun, um ihren Bürgerinnen und Bürgern ein lebenswertes Umfeld zu bieten? Gibt es Modelle und Rezepte dazu? Die Antwort ist: Ja!

Was ist cittaslow?

Seit 1999 gibt es die Internationale Vereinigung der lebenswerten Städte cittaslow. Hervorgegangen aus der 1986 gegründeten **Slow-Food-Bewegung,** bei der es in erster Linie um gutes Essen und Trinken, um Qualität der Nahrungsmittel, kurz um gesunde Ernährung geht, kümmert sich die cittaslow-Vereinigung um eine nachhaltige Entwicklung von lebenswerten Städten und Gemeinden und stellt die Menschen und deren Bedürfnisse in den Mittelpunkt ihres Handelns. cittaslow setzt sich für eine zukunftsorientierte und nachhaltige Entwicklung und die Steigerung der Lebensqualität der Menschen in den Mitgliedsstädten ein.

Die Handlungsbereiche des nationalen Städtebundes orientieren sich dabei an den Statuten und der **Charta** der *Rete internazionale delle città del buon vivere – cittaslow,* die in Italien gegründet wurde und inzwischen 291 Städte und Gemeinden in 33 Ländern umfasst.

Mit zahlreichen Projekten und Aktivitäten versuchen die Verantwortlichen in den cittaslow-Gemeinden ihre Ziele zu erreichen. Dabei sollen in einer globalisierten Welt die **regionalen Besonderheiten** stärker hervorgehoben und Identitäten für die Bürgerinnen und Bürger geschaffen werden, frei nach dem Motto: „Tradition und Innovation“.

cittaslow
Internationale Vereinigung der lebenswerten Städte
https://www.cittaslow.de

Ein Reiseführer zu cittaslow-Orten, -Projekten & -Rezepten

Das vorliegende Buch informiert die Leserinnen und Leser über 23 der inzwischen 25 deutschen cittaslow-Städte und zwei **lokale Netzwerke,** eines mit *Maikammer,* der Demokratiestadt *Neustadt an der Weinstraße* als Unterstützer und *Deidesheim* in Rheinland-Pfalz sowie ein zweites, **internationales Netzwerk** mit *Selfkant* in Nordrhein-Westfalen, *Echt-Susteren* in den Niederlanden und *Maaseik* in Belgien. Sie alle haben sich mit dem Leitbild cittaslow auf den Weg gemacht, um mehr **soziale Gerechtigkeit** und mehr **ökologische Nachhaltigkeit** im Leben und in der Wirtschaft zu erreichen. Dieses nachhaltig hergestellte Buch stellt Projekte und Resultate vor, die zu mehr Lebensqualität geführt haben und nimmt auch Bezug auf regionale Esskultur und regionaltypische Rezepte.

Lassen Sie sich von diesem Buch mitnehmen auf eine Gedankenreise durch das deutsche Netzwerk cittaslow und lassen Sie sich von den darin beschriebenen Projekten und Beispielen anregen, sich auch selbst im täglichen Leben stärker mit dem Thema Nachhaltigkeit zu befassen und mitzuhelfen, die Welt etwas besser zu machen!

Mein **Dank** gilt allen, die an dem Buch mitgewirkt und allen, die das Projekt mit ihrem ideellen und finanziellen Engagement unterstützt haben!

Manfred Dörr
Präsident cittaslow
Deutschland e.V.

© Deidesheim

Manfred Dörr ist nicht nur Präsident von cittaslow Deutschland, sondern auch Bürgermeister der pfälzischen Weinstadt Deidesheim.

NACHHALTIGKEIT IST MEHR ALS NUR EIN WORT

Nachhaltigkeit – ein Wort, das mittlerweile politische Reden und alle Medien durchdringt.

Tatsächlich ist dieser ursprünglich aus der Forstwirtschaft stammende Begriff alles andere als neu. 1987 schaffte er es im sog. *Brundtland-Bericht* auf die politische Ebene und beschreibt eine Entwicklung, die die Bedürfnisse der Menschen in der Gegenwart erfüllt, ohne die Fähigkeit der künftigen Generationen auf Befriedigung ihrer Bedürfnisse einzuschränken.

Ein hehres Ziel, dem sich 1992 in Rio de Janeiro auf der *Konferenz der Vereinten Nationen über Umwelt und Entwicklung* (UNCED) 178 Staaten verpflichteten. Sie definierten ein Leitbild, um die Herausforderungen des 21. Jahrhunderts zu bewältigen, die sog. **Agenda 21.**

Seitdem gab es diverse Anpassungen an veränderte globale Entwicklungen. 2015 wurde ein neuer Meilenstein gesetzt: Alle 193 Mitgliedstaaten der Vereinten Nationen unterzeichneten die **Agenda 2030** und unterschrieben somit, die Zielvorgaben umzusetzen. Allerdings: Die Verpflichtung beruht auf Freiwilligkeit. Es gibt keine Sanktionierung.

17 SDGs

Handlungsleitende Prinzipien sind die **5 P:** *People, Planet, Prosperty, Peace, Partnership.* Es geht um Menschen, den Planeten, Wohlstand, Frieden, Partnerschaft.

Darauf beruhen alle **17 Nachhaltigkeitsziele** (*sustainable development goals,* kurz SDGs) und die 169 definierten Unterziele. Sie gelten für alle Länder, für alle politischen Ebenen und für die Zivilgesellschaft. Es geht um Lebensqualität für jeden Menschen, jetzt und in der Zukunft.

Niemanden zurücklassen!

Auch bei cittaslow steht der Mensch im Mittelpunkt. Deshalb fühlen sich die cittaslow-Städte den SDGs verbunden. Wir nehmen die Umsetzung ernst und wollen mit diesem Buch die abstrakt klingenden SDGs durch **konkrete Projekte** greifbar machen. Denn auch die kommunale Ebene ist gefordert, global Verantwortung wahrzunehmen, die natürlichen Lebensgrundlagen und das nachhaltige Wirtschaften zu stärken sowie den sozialen Zusammenhalt in einer offenen Gesellschaft zu wahren und zu verbessern.

Weltweit engagieren sich Menschen und Institutionen für eine nachhaltige Entwicklung. Best Practice-Beispiele können inspirieren, cittaslow kann inspirieren!

Ausführliche Erklärung der SDGs siehe letzte Buchseite

MELDORF

LEBEN IM ZYKLUS DER NATUR

Die St. Johanniskirche – oder auch Dom zu Meldorf – stellt das Zentrum der rund 7500 Einwohner zählenden Kleinstadt an der schleswig-holsteinischen Küste dar und bietet nicht nur Platz für Gottesdienste, sondern ist auch regelmäßig Spielort hochklassiger Konzerte.

Ein ausgeprägtes Bewusstsein für die Natur, gelassene Weltoffenheit und ein starkes Gemeinschaftsgefühl kennzeichnen das Leben in Meldorf. Die Balance aus Ökologie und Ökonomie, ein enger sozialer Zusammenhalt und kultureller Reichtum sind die Werte, die das Städtchen an der Nordsee ausmachen. Die Nähe zum UNESCO Weltnaturerbe Wattenmeer mit dem zyklischen Wechsel der Gezeiten beeinflusst auch den Takt in der heimlichen Kulturhauptstadt des Landkreises Dithmarschen.

Von der kargen Schönheit der Nordsee bis zu den idyllischen Altstadtgassen sind es keine zehn Kilometer. Die markante **St. Johanniskirche** – der „Dom zu Meldorf" – überragt das malerische Ortszentrum. Bei den alljährlichen Sommerkonzerten offenbart der majestätische Sakralbau im Stil der Backsteingotik seine inneren Qualitäten: Das mit Ornamenten reich verzierte Gewölbe ist ein spektakulärer Klangraum, der Konzerte zu einem besonderen Hörgenuss macht.

Hier geht was:

- Majestätischer Sakralbau mit spektakulärem Klangraum – die St. Johanniskirche oder auch der „Dom zu Meldorf".
- Geschichte erleben im Dithmarscher Landesmuseum.
- Im Landwirtschaftsmuseum die Entwicklung der Agrarwirtschaft verstehen.
- Kultur feiern bei der Sommerbühne.
- RE, RB Hamburg – Westerland (Sylt).

Doch Meldorf hat auch zwei bedeutende Museen aufzuweisen: Das **Dithmarscher Landesmuseum** wurde baulich wie konzeptionell modernisiert und vermittelt anschaulich einen Eindruck vom lokalen Lebensgefühl früher wie heute. Im **Schleswig-Holsteinischen Landwirtschaftsmuseum** erlebt der Besucher die Entwicklung der hiesigen Agrarwirtschaft auf dem typischen schweren Marschboden, wo die unangefochtene **Spezialität** besonders gut gedeiht: Kohl. Als Weißkohl, Rotkohl, Grünkohl oder Wirsing macht das kulinarische Wahrzeichen der Kulturlandschaft Karriere in der regionalen Küche. Bei den **Dithmarscher Kohltagen** im September lässt sich das frisch angeschnittene und sehr gesunde Gemüse aus Europas größtem geschlossenen Anbaugebiet variantenreich genießen.

Kohl in jeder Form ist wohl der Klassiker unter den regionalen Produkten Dithmarschens.

© Adobe Stock

Umgeben von historischen Fassaden lädt der Südermarkt freitags zum Wochenmarkt im Windschatten des Doms zu Meldorf ein.

© Stadt Meldorf, Stefan Carstensen

„Ankommen. Mitmachen." lautet der Slogan der Meldorfer Ehrenamtler, die dieses Credo aktiv und konsequent umsetzen. Wer örtliche Prozesse mitgestalten will, ist herzlich willkommen. Die Vereinslandschaft ist vielfältig und vital. Der inklusive Gedanke wird gelebt, die *Stiftung Mensch* ist einer der größten Arbeitgeber der Stadt. Das lokale Bewusstsein als zertifizierter *Fairtrade-Town,* als Partner des Nationalparks und als Mitglied des cittaslow-Netzwerks prägen das Lebensgefühl.

Im Kontext des bürgerschaftlichen Engagements entstand auch der **„Kultur Bonsche"**: eine Kulturreihe nach dem Motto „Umsonst. Draußen. Live!". Eine Sommerbühne für regionale Künstler mitten im sanft pochenden Herzen der Stadt.

Mehr Infos:
Nordermarkt 10
25704 Meldorf
04832-97800
www.meldorf-urlaub.de

links: Das Alte Pastorat gehört zur Museumsweberei, Hüterin eines einzigartigen Musterschatzes.

oben: Nicht nur Teppiche, sondern auch Stoffe, Handtücher, Sofakissenbezüge oder kuschelige Decken werden zum Verkauf angeboten.

unten links: In Meldorf werden Beiderwandgewebe nach historischen Mustern neu interpretiert.

unten rechts: Die historischen Jacquard-Webstühle für Beiderwandgewebe locken auch Technikfans, ist die Steuerung über Lochkarten doch fast schon digital.

LEBENDIGE HANDWERKSKUNST

TRADITION UND INKLUSION UNTER EINEM DACH

In den historischen Backsteingebäuden des **Alten Pastorats** betreibt die *Stiftung Mensch* eine deutschlandweit einzigartige **Beiderwand-Weberei.** Bei dieser Technik ergibt sich durch die Kombination von Wolle und Leinen als Webmaterial und der Beiderwandbindung eine plastische Tiefe. Auf der Vorder- und Rückseite entstehen durch unterschiedliche Kett- und Schussfäden kontrastreiche Muster.

Wegweisende Technik

Wesentlicher Bestandteil der Meldorfer Museumsweberei ist neben den historischen Webstühlen sowie Gewebezeichnungen und seltenen Musterproben ein über viele Jahrzehnte gewachsener Musterschatz mit komplexen **Jacquard-Kartenläufen.**

1805 hatte der Franzose *Joseph-Marie Jacquard* Webstühle entwickelt, die mit Lochkarten weben. Auf ein längliches Stück Hartpappe wurden Hunderte von Löchern in mathematischer Folge gestanzt – eine Kodierung wie beim Morsealphabet. Die Lochkartensteuerung ermöglichte erstmals das Weben komplexer Muster durch nur eine Weberin oder einen Weber, die sich zudem exakt reproduzieren ließen – ein Beitrag zur Industriellen Revolution.

Museal, aber lebendig

In der Werkstatt des Museums wird noch heute auf den Beiderwand-Webstühlen gearbeitet. Aus den Stoffen werden Kissen, Coverlets, Wandbehänge und Vorhänge gefertigt. Auf Flachwebstühlen entstehen hochwertige Tischwäsche und Wolldecken, die ebenfalls im Werkstattladen zu erwerben sind. Die Kollektion besteht aus reinen **Naturmaterialien** und orientiert sich gestalterisch ausschließlich an historischen Vorlagen.

In der Weberei arbeiten Menschen mit und ohne Handicap an hochwertigen Unikaten und damit an der dauerhaften Bewahrung von etwas zeitlos Kostbarem. Denn die regionaltypische Beiderwand-Technik, die aus dem 14. Jahrhundert stammt, ist als **bäuerliche Volkskunst** Schleswig-Holsteins von historischer Bedeutung. Es ist eines der vornehmen Ziele des Projekts, dieses Kulturwissen zu erhalten und an nächste Generationen weiterzugeben. So sollen überregionale Kooperationsmodelle auf den Weg gebracht werden, um Meldorf als Ausbildungsort für altes Handwerk und besondere Manufakturprodukte zu etablieren.

Ein besonderes Augenmerk gilt hierbei auch der **modernen Interpretation** der alten Muster in punkto Farbe und Form. Auf diese Weise werden traditionelle Techniken und Prozesse sanft in die Gegenwart übertragen, ohne ihren originären Charakter zu verwässern.

Für Textilgestaltermeister *Wolfgang Sternberg* ist die Museumsweberei ein **inklusives Leuchtturmprojekt,** das die Konservierung und behutsame Weiterentwicklung traditioneller Verfahren beispielhaft umsetzt.

Altes Pastorat
Meldorfer Museumsweberei
Papenstraße 2
25704 Meldorf
04832-999478
stiftung-mensch.com

10 WENIGER UNGLEICHHEITEN

12 NACHHALTIGE/R KONSUM UND PRODUKTION

Pikantes Kohlgemüse aus dem Wok

Rezept von Landrat Stefan Mohrdieck, gekocht von Mike Tulke, Café-Bistro Neue Holländerei

Wokgemüse
1 Spitzkohl
1 rote Paprika
3 Frühlingszwiebeln
1 Fenchelknolle
2 EL Cashew-Kerne
3 EL Sonnenblumenöl
1 TL ganzer Kümmel
Salz
Pfeffer
1 TL Curry
½ Tasse Gemüsebrühe

Beilage
100 – 125 g Reis pro Person

Für 2 – 3 Personen den Spitzkohl zu ¾ in fingerdicke Streifen schneiden, die Paprika in Streifen schneiden, die Frühlingszwiebeln in breite Ringe sowie den Fenchel in dünne Streifen schneiden.

Öl in den Wok geben und erhitzen. Zunächst die Cashew-Kerne etwas anbraten, danach das Gemüse nach und nach in den Wok geben. Mit Salz und Pfeffer würzen und den Kümmel hinzugeben. Alles zusammen 10 Min. anbraten und dabei immer wieder wenden.
Dann das Gemüse mit Curry würzen und mit Gemüsebrühe ablöschen, noch 3 Min. weiterköcheln lassen.

Für den Reis Wasser mit etwas Salz zum Kochen bringen. Reis in das kochende Wasser geben und ca. 15 Min. köcheln lassen.

Wok-Gemüse zusammen mit dem Reis servieren.

» Wir arbeiten mit hochwertigen Produkten und verwerten das komplette Tier aus Respekt vor der Kreatur. Auf diese Weise wollen wir ein Bewusstsein für die Kostbarkeit der Ressourcen schaffen. MIKE TULKE «

© Stefan Reddig

Die „Holländerei“ war ursprünglich eine von niederländischem Einfluss geprägte Käserei. Umgebaut zum Hotel und Restaurant erlebte sie zu Anfang des 20. Jahrhunderts eine Blütezeit als „Haus der feinen Lebensart“. Überliefert ist, dass Prinz Heinrich von Preußen dort häufig zu Gast war. In den 1980er-Jahren brannte das Gebäude völlig nieder.

Die **Neue Holländerei** wurde auf demselben Grundstück wie die alten Holländerei errichtet. Betrieben wird sie als Café-Bistro von der *Stiftung Mensch*. Hier arbeitet *Mike Tulke* mit seinem Team mit und ohne Beeinträchtigungen Hand in Hand. Einheimische wie Besucher des angrenzenden Landwirtschaftsmuseums schätzen die Frische und Regionalität des Angebots – vom abwechslungsreichen Mittagstisch bis hin zu hausgebackenen Torten, Kuchen und Waffeln. Die Zutaten kommen zum größten Teil vom stiftungseigenen **Bioland-Bauernhof.**

Besondere Spezialitäten und Kulturevents werden an den *Rosentagen* Anfang Juni, den *Kohltagen* Ende September und den *Apfeltagen* Anfang Oktober geboten.

Neue Holländerei
Stiftung Mensch
Anke Skiba
Mike Tulke (Koch)
Jungfernstieg 4
25704 Meldorf
04832-999771
stiftung-mensch.com

PENZLIN

KULTURERBE MIT SEEBLICK

Einladend: Die Alte Burg Penzlin mit Hexenmuseum, Herrenhaus und Museumsshop kommt ohne Zugbrücke und Wehrturm aus. Sie ist auch unter dem Namen Burg Maltzan bekannt, da ihr Erbauer Berend Maltzan war (1452 – 1525).

Was für ein Geschenk: Passend zum 750-jährigen Stadtjubiläum wurde Penzlin 2013 Mitglied der internationalen cittaslow-Bewegung. Die Mitgliedschaft in der cittaslow-Familie ist für die Bewohner von „Punschendörp", wie sie ihre Stadt liebevoll nennen, Ehre und Zukunftssicherung zugleich.

Die kleine Stadt in Mecklenburg-Vorpommern erstreckt sich vom *Tollensesee* bis zum *Müritz-Nationalpark* und ist geprägt von einem außergewöhnlichen **Burgen-Ensemble,** das die wechselvolle Biografie der Gemeinde spiegelt, die aus einer slawischen Siedlung hervorgegangen ist. Bis heute sind Teile der Wehranlage aus dem 10. bis 13. Jahrhundert erhalten, die direkt am großen Stadtsee liegen und als steinerne Zeugen aus der Vergangenheit berichten.

Der Penzliner Stadtsee eignet sich hervorragend zum Baden. unten: Der Blick über seinen Steg hinweg lässt seine Ausmaße erahnen, schließlich ist der See 2,6 km lang.

© Fotos: JJK

Dreiklang Alte Burg

Die **Alte Burg** aus dem 13. Jahrhundert bildet mit den **Hexenkellern,** in denen heute ein Museum über die große Zahl der mittelalterlichen Hexenprozesse in Mecklenburg informiert, und dem **Schloss Neue Burg,** dem Herrenhaus der *Herren von Maltzan* aus dem Jahr 1810 mit Resten einer englischen Parkanlage, einen baulichen Dreiklang, der auf engstem Raum gleich mehrere Epochen vereint.

Prägendes Element des Stadtbilds von Penzlin ist die frühgotische **St. Marien Kirche,** deren markante Backsteinarchitektur sich auch in der Altstadt fortsetzt. Zwischen historischem Fachwerk bilden authentisch konservierte Geschichte und urbane Lebensqualität eine reizvolle Collage, die von sanften Wald- und Wiesenstreifen eingerahmt wird. Eine echte Stadt mit ursprünglich-dörflichem Charakter und allem, was dazugehört: kleine Geschäfte, familiär geführte Landwirtschaft und regionale Produkte.

Keine Hektik

Die dünn besiedelte und Ruhe ausstrahlende **Mecklenburgische Seenplatte** mit ihrer malerischen und fast schon verklärt-melancholischen Uferlandschaften bildet das charakteristische Umfeld der Stadt, deren 18 Ortsteile mit ihrer jeweils eigenen Geschichte zum individuellen Erkunden einladen. Erntefeste, Bauernmärkte und Sportveranstaltungen locken Besucher an. Penzlin setzt sowohl touristisch als auch bei der inneren Entwicklung auf Umweltschutz, Regionalität und Entschleunigung. In vielen Nischen erlebt man traditionelles Handwerk und heimische Kultur: Mit

Hier geht was:

- Stadtkern mit Johann-Heinrich-Voß-Literaturhaus, www.vosshaus-penzlin.de.
- St. Marien Kirche, www.kirchengemeinde-penzlin-moelln.de.
- Alte Burg mit Hexenmuseum, www.amt-penzliner-land.de.
- Fachwerkdorf Alt Rehse mit Hotelanlage „Park am See“, www.park-am-see.de.
- Schlosshotel Marihn, schlosshotel-marihn.de.
- Nächste Bhf Neubrandenburg und Neustrelitz.

dem **Johann-Heinrich-Voß-Literaturhaus** hat man einem berühmten Sohn der Stadt und späteren Homer-Übersetzer ein Denkmal gesetzt.

Norddeutsches Gepräge

Man pflegt Toleranz und Weltoffenheit in *Punschendörp,* wie man hier zu Penzlin sagt. Durch sein vielfältiges Vereinsleben, die Nutzung regenerativer Energiequellen und große Fortschritte bei der Sanierung der Innenstadt hat Penzlin auch über die Region hinaus hohe Beachtung gefunden. Mit dem **Land-Markt** wurde im Ortsteil *Alt Rehse* ein Projekt gestartet, das nun jährlich in einem anderen Ortsteil seine Fortsetzung findet. Auf diesem „Marktplatz der regionalen Möglichkeiten" zeigt sich das vielfältige kreative Potenzial der Einwohner: Kunsthandwerkliche Techniken und Traditionen werden lebendig gehalten und örtliche Vereine stellen hier ihre Angebote vor. Ein Kulturerbe mit Seeblick, in dem sich ein Kapitel norddeutscher Geschichte bewahrt hat.

Mehr Infos:
Tourist-Information
Voß-Haus Penzlin
Turmstraße 35
17217 Penzlin
03962-210515
www.vosshaus-penzlin.de

Baum des Jahres 2023: Die Moorbirke.

© ASie

Baumlehrpfad am Westufer des Stadtsees mit allen seit 1989 von der Wodarz-Stiftung gekürten Bäumen des Jahres.

© Stadt Penzlin

INVESTITION IN DIE ZUKUNFT

BAUMLEHRPFAD „BÄUME DES JAHRES“

Pflanzbeginn war der Herbst 2021.

Nachhaltiger geht es nicht: Um die Stadt Penzlin grüner zu machen, wurde mit großem kollektiven Engagement ein attraktiver **Natur- und Lehrpfad** am Westufer des *Großen Stadtsees* geschaffen. Direkt an einem beliebten Wanderweg im parkähnlichen Waldstück wachsen in den nächsten Jahren zahlreiche Baumarten, um ein Zeichen gegen die Klimakrise zu setzen und das Bewusstsein der Menschen für ökologische Zusammenhänge zu schärfen. Ein Langzeitprojekt mit hohem Mehrwert: Über Baumpatenschaften wächst das Naturbewusstsein der Menschen mit den Pflanzen. Privatpersonen, Vereine, Schulklassen oder Unternehmen können buchstäblich in die Zukunft investieren und damit einen Großteil der Finanzierung übernehmen.

Und auch der **Bildungsauftrag** kommt in Penzlin nicht zu kurz: Auf Findlingen werden nicht nur der Name des jeweiligen Paten genannt, sondern auch elementare Informationen über die spezifische Baumart vermittelt.

Neben einer sanften Aufforstung möchte die Stadt den Baum auch in seiner Funktion als kostbarem Kohlendioxidspeicher und Sauerstoffspender bewerben. Zur Pflanzung wurden laut *Stadtforst* Hochstämme mit einem Stammumfang von 20 bis 25 cm genutzt. Perspektivisch ist in diesem Bereich noch ausreichend Platz für eine dauerhafte Fortsetzung des Projekts. Seit Herbst 2021 wurden 34 Bäume gepflanzt. Fast alle waren bereits **„Baum des Jahres“,** der seit 1989 alljährlich vom Kuratorium der *Dr. Silvius Wodarz Stiftung* ausgerufen wird. Nun wird der Lehrpfad jedes Jahr um einen weiteren Baum ergänzt.

Mit der Initiative wird der Bereich am See auch in seiner Funktion als **Naherholungsgebiet** aufgewertet. Damit sind die Weichen für die Zukunft gestellt auf einer Fläche, auf der zuletzt viel Baumbestand aufgrund massiver Schäden abgeholzt werden musste. Jetzt kann der Penzliner Stadtwald perspektivisch wieder aufatmen – und die Menschen mit ihm.

3 GESUNDHEIT UND WOHLERGEHEN

4 HOCHWERTIGE BILDUNG

11 NACHHALTIGE STÄDTE UND GEMEINDEN

13 MASSNAHMEN ZUM KLIMASCHUTZ

17 PARTNERSCHAFTEN ZUR ERREICHUNG DER ZIELE

Baumlehrpfad
Stadt Penzlin
Bürgermeister Sven Flechner
Warener Chaussee 55 A
17217 Penzlin
03962-25510
@ statdtverwaltung@penzlin.de
https://baum-des-jahres.de

Rote Bete mit Rinderhack und frischem Dill

Rezept von Holger Gniffke, DLE GmbH

Eintopf

2 Zwiebeln
1 Knoblauchzehe
500 g Rote Bete
1 Kohlrabi
500 g fest kochende Kartoffeln
1 EL Butter
2 EL Olivenöl
1 EL Kümmelsaat
Zucker
4 EL Apfelessig
1200 ml Rinderfond
2 Lorbeerblätter
Salz
Pfeffer, schwarz
400 g Rinderhackfleisch

Beilage

150 g kleine Muschelnudeln
1 Römersalatherz
1 Bd. Dill
150 g saure Sahne

Für den Eintopf Zwiebeln und Knoblauch in feine Würfel schneiden. Rote Bete und Kohlrabi schälen und in Spalten schneiden. Rote-Bete-Grün hacken und abgedeckt beiseitelegen. Kartoffeln schälen und vierteln.
Butter und Olivenöl in einem Topf erhitzen. Zwiebeln und Knoblauch darin glasig dünsten. Kümmel und Zucker zugeben und 1 Min. unter Rühren dünsten.
Rote Bete, Kohlrabi und Kartoffeln zugeben und 1 – 2 Min. mitdünsten. Mit Essig ablöschen und mit Rinderfond auffüllen. Lorbeer zugeben, mit Salz und Pfeffer würzen. Bei geschlossenem Topf 35 Min. bei mittlerer Hitze garen.
Hackfleisch zerbröseln, unter Rühren zum Eintopf geben und weitere 15 Min. garen.

Für die Beilage die Nudeln in reichlich kochendem Salzwasser nach Packungsanweisung al dente garen.
Den Salat putzen, waschen und in feine Streifen schneiden. Dillspitzen grob hacken. Saure Sahne mit Salz und Pfeffer verrühren. Den Eintopf mit Salz, Pfeffer und Zucker abschmecken.

Nudeln, Dill, Römersalat und gehacktes Rote-Bete-Grün unterheben und mit einem Klacks saure Sahne garniert servieren.

© Ingmar Nehls

» Manch einer wird überrascht sein von der Kombination von Roter Bete und Dill – aber als Koch und Lebensmittelkenner weiß ich wie regionale Zutaten zusammen wirken können! «

Holger Gniffke

Die DLE GmbH ist wahrscheinlich das einzige privatwirtschaftliche Unternehmen, welches sich mit Produkt- und Technologieentwicklung für die einheimische Ernährungswirtschaft beschäftigt.

Eine fast 20-jährige Erfahrung macht die DLE zu einem zuverlässigen Partner. Besondere Schwerpunkte sind die Entwicklung regionaler Spezialitäten mit maßgeschneiderten Eigenschaften für Kunden wie Lebensmittelproduzenten, Spitzenköche, Gastrosophen und Kochbegeisterte. Besonders die Schaffung von nachhaltigen Wirtschaftskreisläufen liegt im Interesse von jenen Unternehmen, die ihre Produktionsabläufe selbst entwickeln

„Unser Unternehmen unterstützt kleine und mittelständische Firmen der Ernährungswirtschaft in unserer Region. Besonders Produkt- und Technologieentwicklungen stehen dabei im Fokus. Die Stärkung von regionalen Wirtschaftskreisläufen und die nachhaltige Nutzung von Ressourcen haben dabei immer größere Bedeutung", betont Geschäftsführer *Holger Gniffke,* Dipl. Ing. für Lebensmitteltechnologie, Koch und Küchenmeister.

DLE GmbH
Dienstleistungsgesellschaft für Lebensmitteltechnologie und Ernährung mbH
Aver Weg 6 A
17217 Penzlin-Groß Lukow
@ holger.gniffke@dle-mv.de
www.dle-mv.de

SCHNEVERDINGEN

BIODIVERSITÄT IN DER HEIDEBLÜTENSTADT

Naturliebhaber aus aller Welt kommen im August und September zur Heideblüte in die Lüneburger Heide. Dann erblühen auch die über 200 verschiedenen Heidesorten des „Schneverdinger Heidegartens" im Landschaftsschutzgebiet Höpen und sind eine eine wahre Augenweide.

Reetgedeckte Häuser, grüne Nischen, ruhige Moorlandschaften: Schneverdingen hat sich den ursprünglichen Charme eines Heide-Dorfes bewahrt und achtet darauf, dass dies auch so bleiben wird. Regionale Identität beginnt hier schon beim Ortsschild, das auch auf „Plattdüütsch" alle Gäste in „Snevern" willkommen heißt. Die „Heidjer" genießen die charakteristischen Eigenarten ihres besonderen Landstrichs und wollen diese auch ihren Gästen näherbringen.

Das Pietzmoor mit seinem Wollgras ist Anziehungspunkt für Naturliebhaber.

Sanft eingebettet in den Naturpark **Lüneburger Heide** lebt man in Schneverdingen mit niedersächsischer Erdverbundenheit und Gelassenheit. Der staatlich anerkannte Luftkurort ist vom **Landschaftsschutzgebiet Höpen** umgeben, wo die Heide sich von ihrer besonders schönen Seite zeigt. Schäfer mit Heidschnuckenherden ziehen durch eine flachwellige, offene Kulturlandschaft, wo der Mensch noch durchatmen und entschleunigen kann. Die artenreiche Flora und Fauna verändern sich mit den Jahreszeiten, nur der laute Verkehr bleibt ganzjährig außen vor. Die Natur gibt den Takt vor und lädt zum Wandern, Radfahren und Reiten ein.

Im **Heidegarten** sind rund 200 verschiedene Arten dieser Pflanzengattung zu sehen, die zu unterschiedlichen Zeiten blühen und so eine dauerhaft farbenprächtige Collage bilden. Das **Pietzmoor** ist das größte zusammenhängende Moorgebiet der Lüneburger Heide. Über einen Rundweg aus Bohlenstegen kann man die heimische Tier- und Pflanzenwelt genießen, ohne nasse Füße zu kriegen oder die Natur zu stören.

Um den fröhlichen Stadtbrunnen gruppieren sich die typisch roten Backsteinhäuser Schneverdingens.

Umweltfreundliche Stadtpolitik

Bei der Stadtpolitik orientiert sich Schneverdingen an cittaslow-Kriterien wie Lebensqualität und Umweltverträglichkeit. Bauprojekte werden nach ökologischen Maßgaben realisiert, das städtische **Hallenbad** kommt durch eine nachhaltige und autarke Energieversorgung ohne den Einsatz fossiler Ressourcen aus.

Die urbane Weiterentwicklung ist ein **demokratisches Gemeinschaftsprojekt** mit einem hohen Maß an Bürgerbeteiligung. Der dörfliche Charakter wird von einem wertschätzenden Miteinander geprägt. Die Werbung für das Ehrenamt als gesellschaftliche Notwendigkeit ist eine der Kernaufgaben im örtlichen Inklusionsprozess. **Motto:** „Da kann ja jeder kommen!“ In der ganzen Stadt gibt es Begegnungsorte, an denen sich Menschen treffen und untereinander austauschen können. Über 140 Vereine verkörpern bürgerschaftliches Engagement.

Die Identifikation mit der heimatlichen „Schnucke“ ist in Schneverdingen sogar zu schmecken: Auf dem Wochenmarkt und in den Restaurants dominieren saisonale Produkte aus der näheren Umgebung. Dies fördert regionale Wirtschaftskreisläufe und unterstützt lokale Erzeuger und Direktvermarkter.

Hier geht was:

- Heidschnuckenherde, öffentlicher Austrieb ca. 10.30 Uhr am Schafstall am Höpen, www.schneverdingen-erleben.de.
- Hof Möhr, Naturlehrgarten, www.nna.niedersachsen.de.
- Eine-Welt-Kirche, Teil der Weltausstellung EXPO 2000.
- Heimatmuseum „De Theeshof“.
- Heideblütenfest mit Krönung der Heidekönigin, www.heidebluetenfest.de.
- Pietzmoor, Heidegarten, Osterheide, www.schneverdingen-erleben.de.
- RB Buchholz – Soltau – Hannover.
- Heide-Shuttle: Vom 15. Juli bis 15. Oktober verbindet der kostenlose Bus im Ringverkehr auf fünf Linien die Städte und Gemeinden rund um das Naturschutzgebiet miteinander.

Mehr Infos:
Schneverdingen Touristik
Rathauspassage 18
29640 Schneverdingen
05193-93800
schneverdingen-erleben.de

Inklusion bedeutet, dass die Gesellschaft Strukturen schafft, die es allen Menschen ermöglichen, ein wertvoller Teil der Gesellschaft zu sein und gleichberechtigt am gesellschaftlichen Leben teilhaben zu können, unabhängig von Herkunft, Religion, sexueller Orientierung, sozialem Status, Alter, Behinderung oder anderen Merkmalen.

Hof Möhr, Sitz der Alfred Toepfer Akademie für Naturschutz, ist einer der ältesten Bauernhöfe in der Lüneburger Heide. Unter dem Motto „Natur schmeckt – Vielfalt nutzt“ wird er heute ökologisch bewirtschaftet und ist als Lehrgarten frei zugänglich.

EINE GESELLSCHAFT FÜR ALLE

KOMMUNE INKLUSIV SCHNEVERDINGEN

Die Vision lautet: **Schneverdingen für alle.** Jede und jeder ist willkommen, so wie sie oder er ist. Stadt und *Lebenshilfe Soltau* machen sich mit „Kommune Inklusiv" für die konsequente Umsetzung von Inklusion vor Ort stark. Gefördert wurde das fünfjährige Modellprojekt von der *Aktion Mensch*. Ziel ist, dass alle Menschen ganz selbstverständlich gleichberechtigt und selbstbestimmt am gesellschaftlichen Leben teilhaben können. Dafür braucht es den Willen aus Politik und Öffentlichkeit – aber auch gelebte Interaktion und Partizipation über alle Ebenen und Hierarchien hinweg.

Nach dem Motto „Nicht ohne uns über uns" hat sich die Kommune mit den Akteuren aus Zivilgesellschaft und Wirtschaft und Verwaltung vernetzt, und alle ziehen an einem Strang. In offenen Arbeitsgruppen entscheiden alle Interessierten gemeinsam, welche Ideen im Projektzeitraum umgesetzt werden sollen. Viele Projektpartner haben sich von Anfang an mit dem Vorhaben identifiziert und sich klar dafür positioniert, dass Herkunft, Religion, sexuelle Orientierung oder andere persönliche Merkmale nicht zu Ausgrenzung führen dürfen. Und das Netzwerk wächst weiter. Mit einer Dynamik, die alle begeistert.

Vor Ort entstehen uneingeschränkte **Begegnungsmöglichkeiten,** was wiederum Akzeptanz, Verständnis und Empathie im alltäglichen Miteinander fördert. Diversität wird als Bereicherung verstanden, es zählt allein die Persönlichkeit des Einzelnen.

Persönliche Begegnungen tragen dazu bei, Vorurteile abzubauen.

Indes ist der Impuls zur inklusiven Stadtgesellschaft ein gemeinsames Bekenntnis aller Akteure, die innerhalb einer klar definierten Organisationsstruktur am großen Ganzen mitarbeiten. Regelmäßige Bürgerforen und Informationsveranstaltungen schaffen Transparenz und motivieren zum Mitmachen. Der Begriff der **„Stadtfamilie"** ist für Schneverdingen absolut zutreffend: Für ein buntes und respektvolles Zusammenleben – eben für eine Gesellschaft für alle.

Kommune Inklusiv Schneverdingen
freiRaum
Bargmannstraße 6
29640 Schneverdingen
05193-5 174 270
www.svd-inklusiv.de

HEIDSCHNUCKENKEULE IN WACHOLDERRAHM

Rezept von Marcus Ramster, Restaurant Ramster

FLEISCH
1,6 kg Heidschnuckenkeule
Salz
Pfeffer
3 EL Wacholderbeeren
50 g Butterschmalz
3 Zwiebeln
1 Karotte
½ Stange Lauch
3 Lorbeerblätter
2 Gewürznelken
Alufolie

SOSSE
¼ l Rotwein
¼ l Fleischbrühe
1 EL Weinessig
400 g Schmand

Heidschnuckenkeule häuten. Haut und Abschnitte aufheben. Wacholderbeeren im Mörser zerdrücken und die Keule mit der Hälfte der Beeren einreiben, mit Salz und Pfeffer würzen.
Die Keule in die Saftpfanne des Backofens legen und mit heißem Butterschmalz begießen.
Die Zwiebeln pellen und in Würfel schneiden. Karotten schälen, Lauch putzen und alles in kleine Stücke schneiden.
Lorbeerblätter, Nelken und Hautabschnitte um die Keule in der Pfanne verteilen und bei 190 Grad für ca. 60 Min. im Ofen braten.
Rotwein, Brühe und Essig mischen und Röststoffe mit der Hälfte der Weinmischung ablöschen.
Die Keule aus dem Ofen nehmen, in Alufolie einschlagen und ziehen lassen.

Für die Soße den Pfanneninhalt in einen Topf umfüllen, Röststoffe mit restlichem Weingemisch ablösen, mit Schmand und übrigen Wacholderbeeren 5 Min. kochen lassen. Die Soße durch ein Sieb gießen.

Das Keulenfleisch mit einem Messer vom Knochen lösen, in Scheiben schneiden und auf einer Platte anrichten.

» Uns ist es eine Freude in der heutigen Zeit noch in dieser Weise Speisen herstellen zu können, die durch ihre Regionalität besondere Bedeutung erfahren. Der Einsatz hochwertiger und regionaler Lebensmittel ist unabdingbar. «
MARCUS RAMSTER

© Erlebniswelt Lüneburger Heide GmbH

© ASie

Seit Jahren steht der Name „Ramster" in der Lüneburger Heide für eine kreative und qualitativ hervorragende Küche. Die Gäste kommen unter anderem aus Hamburg, Hannover und Bremen, um die regionaltypischen Spezialitäten des Hauses zu genießen.

Individualität, Persönlichkeit und Raffinesse kennzeichnen die Küche des Chefs *Marcus Ramster.* Regionale und saisonale Gerichte prägen die Zusammensetzung seiner Menüs. Ein Menü kann beispielsweise mit einer mit Limonenöl verfeinerten Senfsuppe starten, gebratenes Lammfilet in Rotweinsoße und Gemüse vom Markt beinhalten und mit einem feinen Espressoparfait abschließen.

Nicht umsonst hat das **Ramster** 2020 zum 18. Mal in Folge den „Bib Gourmand" erhalten, eine Auszeichnung des roten *Michelin Guide,* der an gastronomische Betriebe mit einer sehr guten regionalen Küche und einem ausgewogenen Preis-Leistungs-Verhältnis vergeben wird. 2023 wurde das Restaurant wiederholt auch vom Slow-Food-Genussführer ausgezeichnet und ist Partner von „ADFC Bett & Bike".

Beigetragen hat zu diesem Erfolg auch das Motto des Hauses: „Klasse statt Masse". Es gilt sowohl für das mit 75 Sitzplätzen relativ kleine Restaurant als auch für das Hotel mit 11 Betten. Im Ramster speist und ruht man stets in angenehmer Atmosphäre.

Hotel & Restaurant Ramster
Heberer Straße 16
29640 Schneverdingen
05193-6888
www.hotel-ramster.de

© Fotos: Restaurant Ramster

BAD ESSEN

CHARME DER GEGENSÄTZE

Ansehnliches Städtchen: Blick auf den Kirchplatz der evangelischen St.-Nikolai-Kirche.

© Tourist-Info Bad Essen

Umrahmt vom Natur- und Geopark TERRA.vita liegt der kleine Fachwerkort Bad Essen mitten in einer Landschaft, die von 300 Millionen Jahren bewegter Erdgeschichte beeinflusst ist. Saurierfährten, Schlösser und alte Mühlen gehören zu den Entdeckungen, die man in der cittaslow-Stadt machen kann.

Besonders sehenswert ist der historische Ortskern von Bad Essen mit seinen Fachwerkhäusern aus dem 17. Jahrhundert.

© Tourist-Info Bad Essen

Eingebettet ins **Osnabrücker Land** zwischen den bewaldeten Höhen des *Wiehengebirges* und der norddeutschen Tiefebene mit ihren typischen Feldern, Wiesen und Gärten ist auch der Kurort selbst von Gegensätzen geprägt: Fachwerk-Atmosphäre und innovative Architektur bilden einen schönen Kontrast, Spazier- und Wanderwege durch blühende Parks oder grüne Natur stehen im reizvollen Kontrapunkt zur modernen Marina mit Flaniermeile am ortsprägenden **Mittellandkanal.**

Einfach ist gut

Doch es sind die Begegnungen mit den Menschen und die Inspirationsmomente in der Natur, die Bad Essen in seinem Kern ausmachen. Das Motto **„Einfach gutes Leben"** gibt den Takt in der zertifizierten *Fairtrade-Town* vor. Die eigentlichen Schätze des Ortes erschließen sich bisweilen auf den zweiten Blick, doch wer achtsam Augen und Ohren öffnet, der wird von wertvollen Eindrücken überwältigt. Zum Beispiel auf dem wunderschönen **Kirchplatz,** umgeben von hundertjährigen Linden und Fachwerk aus dem 17. Jahrhundert, als die Schnitzkunst der Hausgiebel ihre Blütezeit hatte. Im eleganten **Kurpark** sowie in zahlreichen anderen grünen Nischen der herzlichen und weltoffenen Gemeinde lassen sich Ruhe und Entspannung finden.

In jeder Hinsicht ganz tief durchatmen kann man in der kunstvoll angelegten **SoleArena:** Hier rieselt Europas mineralreichste Meersalz-Lösung aus den Tiefen des Wiehengebirges mit einem kontemplativen Plätschern über sechs Meter hohe Schwarzdornwälle, die einen Genuss-Raum voller aerosolreicher Luft bilden. Ein

Das Gradierwerk in einzigartiger Optik entstand 2010 zur Landesgartenschau und macht die hochwertige Bad Essener Sole erlebbar, die seit 220 Millionen Jahren in 800 Metern Tiefe unter dem Kurort ruht.

© Tourist-Info Bad Essen

feiner Nebel, der sich wohltuend auf Atemwege, Haut und Immunsystem auswirkt. Das Bad Essener **Urmeersalz** wird sogar von Sterneköchen geschätzt: Eine kleine Manufaktur veredelt den Naturschatz zu einer überregional bekannten Spezialität. Denn auch kulinarisch versorgt sich der Ort am liebsten aus heimischen Rohstoffen. Auf dem Kirchplatz gibt es jeden Donnerstag einen **Wochenmarkt** und im Herbst den beliebten **Cittaslow-Landmarkt.** Hier werden die Aspekte bio, regional und fair konsequent auf hohem Niveau gepflegt und gelebt. Äpfel, Pilze und Kräuter, Gemüse und Fleisch, aber auch Milch, Käse, Chutneys und vieles mehr finden ihren Weg vom Erzeuger aus erster Hand direkt zum Kunden. Viele der Hoflädchen, Einzelhändler und Manufakturen haben auch sonntags geöffnet. Osnabrücker Lebensgefühl und der Geist von cittaslow fühlen sich in Bad Essen besonders wohl.

Geselligkeit beim Culinaria-Festival.

Hier geht was:

- Alte Wassermühle, Bergstraße, mit Kornmahl-Vorführung Mai – Okt jeden Sonntag.
- Harpenfelder Dorfschmiede, Schmiedeabende zu bestimmten Terminen, www.schmiedeverein-harpenfeld.de.
- Schloss Hünnefeld mit englischem Landschaftspark, www.schloss-huennefeld.de.
- Schloss Ippenburg, www.ippenburg.de.
- Schafstall, Kunst- und Kulturveranstaltungen, www.schafstall.de.
- Veranstaltungen: Cittaslow-Landmarkt, Historischer Markt, Culinaria, YogaFestival.
- Marina, 35 Ankerplätze, viele Freizeitangebote, www.marina-bad-essen.de.
- 150 Millionen Jahre alte Saurierfährten im Geopark Terra.Vita in Barkhausen.
- Nächster Bhf 7 km Bohmte, Osnabrück – Bremen.

Mehr Infos:
Tourist-Info Bad Essen
Lindenstraße 25
49152 Bad Essen
05472-94920
www.badessen.info

Der Mittellandkanal lädt zu ausgiebigen Radtouren ein.

Die Hunte im alten Betonbett ...

ZURÜCK ZUR NATUR

RENATURIERUNG DER HUNTE AM SCHLOSS IPPENBURG

Die Erdbewegungen waren gewaltig, die räumlichen Dimensionen des Projekts einzigartig: Beim **Schloss Ippenburg** in der Gemeinde Bad Essen wurden elf Hektar Nutzfläche in eine artenreiche Auen- und Naturlandschaft zurückverwandelt. Ein ökologisches Leuchtturmprojekt – und eine beispielhafte Kooperation zwischen Gewässerentwicklung und Landwirtschaft im Zeichen von Nachhaltigkeit, Erholungswert und Hochwasserschutz.

Wo seit der Landesgartenschau 2010 alljährlich zu den bekannten **Ippenburger Gartenfestivals** die Bedarfsparkplätze ausgewiesen wurden, kann sich nach ihrer Renaturierung die **Hunte** wieder in einem gewundenen Bett räkeln. Die Hunte, ein 189 Kilometer langer Nebenfluss der *Weser,* war im Rahmen der Flurbereinigung im 20. Jahrhundert begradigt worden, um die nassen umliegenden Flächen landwirtschaftlich nutzbar zu machen. Durch die Monotonie des Gewässers gingen jedoch nicht nur Lebensräume verloren, es stieg auch die Phosphatbelastung des *Dümmer Sees,* den die Hunte durchfließt. Diesen Eintrag zu reduzieren und die Artenvielfalt wiederherzustellen, ist das Ziel der zahlreichen Renaturierungsmaßnahmen, die der *Unterhaltungverband Obere Hunte* seit geraumer Zeit umsetzt.

Neuer Bachlauf der renaturierten Hunte.

Heute kann die Hunte wieder in Schlaufen mäandern, langsamer fließen oder je nach Jahreszeit ausufern. Sedimente werden zurückgehalten, in den dadurch entstehenden Auen siedeln sich Tiere und Pflanzen an. Strukturelemente wie Totholz stärken die Eigendynamik des Flusses und die Vielfalt des Lebens im und um das Wasser.

Viktoria von dem Bussche, die mit ihren Festivals und Künstlergärten die Gartenszene in Deutschland stark beeinflusst hat, betont den Aspekt der Umweltbildung: „Reine Wildnis, Chaos, wird seit jeher eher als Bedrohung verstanden, denn sie schließt den Menschen aus.“ Das sinnliche Erleben von attraktiver Natur bewirke das Gegenteil, so die Schlossherrin. In Bad Essen habe man durch die kreative Verbindung von Ökologie und Ästhetik Akzeptanz geschaffen und ein konstruktives Nebeneinander in einer wertvollen Kulturlandschaft ermöglicht.

Schloss Ippenburg hat einen der bekanntesten Gärten Deutschlands.

© Fotos: Tourist-Info Bad Essen

Renaturierung der Hunte am Schloss Ippenburg
Am Holzhof
49152 Bad Essen
05472-94430
www.uhv70.de, www.ippenburg.de

KARTOFFELPLATE

IM OFEN GEBACKENER REIBEKUCHEN

Rezept von Jutta Kessen, Restaurant Kaffeemühle

TEIG
1 kg geschälte Kartoffeln
150 g geschälte Möhren
1 mittelgroße Zwiebel
1 EL Salz
½ TL Pfeffer
1 Msp. Muskat
4 Eier
150 g Hartweizengrieß
100 g Mehl
Fett für die Pfanne

GARNITUR
250 g Schmand
1 EL Oregano
1 Aubergine
1 Zucchini
Öl zum Anbraten
200 g Schafskäse
1 Tomate
1 – 2 Bd. Rucola

Für den Teig Möhren und Zwiebeln raspeln, Kartoffeln reiben ode raspeln und in eine Schüssel geben.
Muskat, Salz, Eier und Pfeffer mit Hartweizengrieß vermischen, zu dem Kartoffel-Möhren-Mix geben und zu einem Reibekuchenteig vermengen.
Den Teig nacheinander in der Pfanne von beiden Seiten goldgelb braten. Der Teig reicht für 4 – 5 Platen, je nachdem wie dick man sie haben möchte. Anschließend die Platen auf einem Backblech verteilen.

Für die Garnitur Schmand mit Salz, Pfeffer und Oregano würzen und auf den Kartoffelplaten verstreichen.
Aubergine und Zucchini in Scheiben schneiden und in Öl anbraten. Danach auf der Schmandmischung verteilen.
Tomate würfeln, Rucola kleinrupfen und Schafskäse zerbröseln und jeweils über alle Kartoffelplaten verteilen.

Die Platen bei 180°C im Backofen ca. 15 – 20 Min. überbacken und nach Belieben mit Rucola garnieren.

Tipp: Die Plate kann je nach Jahreszeit oder Hungergefühl belegt werden. Alles ist hier erlaubt!

» Mit unseren wechselnden Kreationen möchten wir unsere Gäste dazu animieren, auch einmal neue Geschmacksrichtungen und Kombinationen auszuprobieren. «
JUTTA KESSEN

© Fotos: Tourist-Info Bad Essen

Die Kartoffelplate ist in einer „kulinarischen" Arbeitsgruppe entstanden, die typische regionale Gerichte entwickelt und dabei überlegt hat: Was verbindet die Region eigentlich? Kartoffeln! Auch verschiedene Sorten! Geboren war die Kartoffelplate, die erst in der Pfanne gebraten und dann im Backofen überbacken wird.

Auf dem historischen Kirchplatz in Bad Essen residiert das **Restaurant und Bierhaus Kaffeemühle** in einem wunderschönen Fachwerkgebäude. Hier wird ganzjährig eine kreative, regionale und saisonale Küche gepflegt. Aktionen wie die jährliche Fischwoche sowie vegane und vegetarische Kompositionen bereichern die Speisekarte. Ob Rumpsteak vom Riester Weiderind mit zerlassener Gorgonzola-Salbeibutter, Schnitzel vom Strohschweinchen, vegane Kokos-Currybowl mit Miso-Nudeln oder Gyrosburger „Kaffeemühlenart" – alle Speisen werden frisch vor Ort von Küchenchefin *Jutta Kessen* und ihrem Team zubereitet. Im Sinne von Slow Food kommen die Zutaten aus der Region, die Produzenten können auf der Webseite nachgelesen werden. Für die Abhol-Speisen gibt es ein praktisches, umweltfreundliches Mehrweg-Verpackungs-System.

Die *Wittlager Kartoffelplate* – die norddeutsche Antwort auf Flammkuchen – wird in der Kaffeemühle in immer neuen Varianten dargeboten, z.B. belegt mit marinierter Birne, Blauschimmelkäse und Preiselbeeren.

Kaffeemühle
Restaurant, Café, Bierhaus
Jutta Kessen
Kirchplatz 19
49152 Bad Essen
05472-4488
kaffeemuehle-badessen.de

LÜDINGHAUSEN

WASSER! BURGEN! STADT!

Wasserburgen-Landschaft: Von der Burg Vischering sind die Renaissanceburg Lüdinghausen und die Lüdinghauser Altstadt in wenigen Spazierminuten erreichbar.
© Julian Borgmann

Die erste cittaslow-Stadt in Nordrhein-Westfalen ist ein sympathischer Ruhepol. Nicht nur auf dem stets wachsenden Netz an Fahrradstraßen schaltet man am Flüsschen Stever gerne einen Gang zurück.

Drei Wasserburgen, ein beeindruckender Rosengarten, eine Mühle und eine Altstadt voller Ecken, Winkel und westfälischem Mauerwerk prägen Lüdinghausen, wo die Menschen ganz bewusst achtsam und „entschleunigt" leben. Umgeben von sanfter Natur und weiten Feldern erwartet den Besucher eine lebendige von vielen historischen Häusern geprägte Innenstadt.

Bei dieser **Münsterländer Oase** müsste man eigentlich von einer Stadtlandschaft sprechen, denn die Übergänge von den grünen Wiesen und Parks zur urbanen Siedlungsstruktur sind sanft und fließend. Viele offene Räume lassen Luft zum Atmen und Entspannen. Das fällt angesichts der reichen Kultur und Kulinarik leicht: Örtliche Händler, inhabergeführte Cafés und Restaurants bieten regionale Spezialitäten in hausgemachter Qualität. Die **Märkte** bieten frische regionale Zutaten für die heimische Küche. Hier wird in aller Ruhe probiert, geschnuppert und geplaudert. Der *Abendmarkt* im Schatten der *Burg Lüdinghausen* hat sich mit seinem besonderen Flair zu einem beliebten Treffpunkt mit regionalen Anbietern und Münsterländer Köstlichkeiten entwickelt. Das **Projekt „Vom Hof zur Burg"** unterstützt Direktvermarkter und fördert die Wertschätzung regionaler Produkte und Dienstleistungen.

In der Blaudruckerei von Elke Schlüter ist eine Jahrhunderte alte Tradition lebendig.

© Tim Bohr

Auf der Stever, die in drei Armen durch die Stadt fließt, lässt sich die Umgebung der Wasserburgenstadt aktiv erkunden.

© Lüdinghausen Marketing

Bunte Kunst & Kultur

Das sehr individuelle Angebot setzt sich in kleinen Geschäften und Manufakturen fort. In Lüdinghausen gibt es noch eine traditionelle **Blaudruckerei** – eine der letzten Adressen, wo diese alte Handwerkskunst mit dem tiefblauen Farbstoff *Indigo* noch immer praktiziert wird. Auch die **Kunst** spielt hier eine prominente Rolle. Musik, kleine Ausstellungen und wechselnde Kreativ-Events finden mitten in der Innenstadt eine große Bühne. Viele Ehrenamtliche engagieren sich und sorgen für ein abwechslungsreiches Kulturleben.

Wer den Ort in aller Ruhe erkunden will, der setzt sich in eine der originellen **Fahrrad-Rikschas,** mit denen man alte und neuere Stadtgeschichte unmittelbar erleben kann. Auf diese Weise sorgt ein ebenso rühriger Bürger-Verein dafür, dass sich auch ältere Menschen umweltfreundlich durch die Stadt bewegen können. Lastenräder kann man in Lüdinghausen an verschiedenen Stellen ganz unkompliziert ausleihen. Saubere Mobilität in sanftem Tempo.

Mehr Infos:
Lüdinghausen Marketing e.V.
Borg 4, 59348 Lüdinghausen
02591-78008
www.luedinghausen-marketing.de
Stadt Lüdinghausen
Borg 2, 59348 Lüdinghausen
02591-926930
www.luedinghausen.de

Die Burg Vischering gilt als Ideal einer münsterländischen Wasserburg und ist heute Museum und Schauplatz zahlreicher Kulturveranstaltungen.

© Münsterland e.V., Philipp Fölting

Stefan Naber und seine Familie produzieren im Nebenerwerb Bio-Lammfleisch für Lüdinghausen und das Münsterland.

© Lüdinghausen Marketing

Hier geht was:

- Burg Vischering, www.burg-vischering.de.
- Burg Lüdinghausen, www.burg-luedinghausen.de.
- St. Felizitas Kirche, www.stfelizitas.de.
- Rosengarten Seppenrade, www.seppenrade.de.
- Ammoniten in Seppenrade, www.ammonit.seppenrade.de.
- Tag der Gärten und Parks, www.gaerten-in-westfalen.de.
- Biologisches Zentrum, mit Ausstellungen, www.biologisches-zentrum.de.
- Blaudruckerei, www.gemalt-wie-gedruckt.de.
- Kanutour auf der Stever, www.sportbox-senden.de.
- RB Dortmund –Enschede.

VOM HOF IN DIE BURGKÜCHE

KULINARISCHE GENUSSTOUR DURCH DIE REGION

Wenn hochwertige Spezialiäten aus der Umgebung nach besonderen Rezepten an einem historisch aufgeladenen Ort zubereitet werden, dann vereint sich die regionale Genussvielfalt mit der Einzigartigkeit der lokalen Geschichte: Das Projekt **„Vom Hof in die Burg“** folgt diesem Konzept – und trifft damit genau den Nerv des cittaslow-Gedankens, der eine nachhaltige Nutzung natürlicher Ressourcen als prominentes Ziel definiert.

Gemeinschaftlich werden die regionalen Produkte in der Burgküche verarbeitet.
© Münsterland e.V., Felix Kochbook

Die individuell geplanten **Kochkurse** sind ein Kooperationsprojekt der *Katholischen Familienbildungsstätte* mit dem *Verein Lüdinghausen Marketing* und dem münsterländischen *Kulturdenkmal Burg Vischering*. Seit 2022 werden wechselnde landwirtschaftliche Betriebe besucht, wo sich die Teilnehmer umfassend über Herkunft, Anbau und das kulinarische Potenzial der Produkte informieren können. Danach werden die vorgestellten Lebensmittel in der 2018 modernisierten Küche im historischen Ambiente von **Burg Vischering** in kulinarischen Einklang gebracht und im Gewölbekeller serviert.

Vom Hofbesuch bis zum finalen Menü unter Anleitung eines erfahrenen Kochs stehen Kommunikation und Genusskultur im Mittelpunkt. Bei dieser **aromatischen Tour** erleben Gäste wie Einheimische, wie einfach man auf kurzen Wegen zu den Kostbarkeiten der Region geführt wird und daraus ein gesundes und raffiniertes Essen zubereiten kann. Gemeinsam erlebt man natürliche Produktionsabläufe, eine artgerechte Tierhaltung sowie traditionelle Herstellungsverfahren.

Auf dem Forstmannshof bietet Familie Böcker neben Produkten aus eigenem Anbau eine große Auswahl an regionalen Lebensmitteln an.
© Tim Bohr

„Für eine gute und geschmackvolle Ernährung sind keine weiten Wege erforderlich“, erläutert Referentin *Heike Hoppe* von der Familienbildungsstätte den Ansatz des Projekts, das bei den bisherigen Teilnehmern auf sehr positive Resonanz gestoßen ist: „Viele haben nachhaltiges Einkaufen völlig neu für sich entdeckt“, freut sich Heike Hoppe.

12 NACHHALTIGE/R KONSUM UND PRODUKTION

Vom Hof in die Burg
Familienbildungsstätte Lüdinghausen
Heike Hoppe
Mühlenstraße 29
59348 Lüdinghausen
02591-989090
www.fbs-luedinghausen.de

WESTFÄLISCHER PFEFFERPOTTHAST

Rezept von Timo Siepe, Restaurant Mutter Siepe

TAFELSPITZ

- 850 g Tafelspitz vom Rind
- 500 g Zwiebeln
- 3 EL Öl
- 500 ml Rinderbrühe
- ½ TL Pfefferkörner
- 5 Wacholderbeeren
- 2 Lorbeerblätter
- 2 – 3 Nelken
- Wasser
- 3 – 6 EL Paniermehl
- Salz und Pfeffer

Fleisch (aus der Rinderhüfte) in ca. 4 cm große Würfel schneiden und mit Salz und Pfeffer würzen.

Die Zwiebeln sehr fein würfeln.

Das Fleisch anbraten, die Zwiebeln dazugeben und kurz glasig schwitzen.

Brühe, Pfefferkörner, Wacholderbeeren, Lorbeerblätter und Nelken zugeben. Dann aufgießen, bis das Fleisch bedeckt ist und etwa 1 Std. köcheln lassen, bis das Fleisch zart ist.

Gewürze entfernen und den Sud mit Paniermehl abbinden. Mit Salz und Pfeffer abschmecken.

Mit Petersilienkartoffeln, Rote Beete und Essiggurken servieren.

© Lüdinghausen Marketing

» Wir kochen ausschließlich mit Produkten aus der Region. Dadurch möchten wir die Wertschätzung für unsere Direktvermarkter und heimische Erzeugnisse zum Ausdruck bringen. «

TIMO SIEPE

© ASiev

Das Restaurant Mutter Siepe liegt im Herzen des „Rosendorfs“ Seppenrade. Seppenrade gehört zu Lüdinghausen und ist vor allem für seinen Rosengarten bekannt. Hier blühen im Sommer weit über 20.000 Rosen, die von Ehrenamtlichen gehegt und gepflegt werden.

Hier, im Herzen von Seppenrade lädt das **Hotel-Restaurant Mutter Siepe** zum Genießen ein. Die Geschichte des Hauses beginnt im Jahr 1840 – heute wird die historische Adresse in der vierten und fünften Generation geführt. *Timo Siepe* und seine Frau *Christine* bringen Tradition, Erfahrung und eine familiäre Atmosphäre in Einklang. Man legt Wert auf frische und moderne Gerichte der westfälischen und internationalen Küche sowie Lammspezialitäten aus eigener Schafzucht.

„Wir kochen ausschließlich mit Produkten aus der Region. Dadurch möchten wir die Wertschätzung für unsere Direktvermarkter und heimische Erzeugnisse zum Ausdruck bringen“, unterstreicht Timo Siepe.

Hotel-Restaurant Mutter Siepe
Träppken 1
59348 Lüdinghausen
02591-8191
www.muttersiepe.de

SELFKANT

IM HERZEN EUROPAS

Der Innenraum der 1000 Jahre alten Kirche Millen mit erzählendem Stuck an Wänden und Decken des Chorraums.

© Gemeinde Selfkant

Erst seit Frühjahr 2023 kriecht die cittaslow-Schnecke auch durch die westlichste Gemeinde Deutschlands: Das 24. Mitglied im nationalen Netzwerk stand bis 1963 unter königlich-niederländischer Verwaltung. Noch heute besitzen rund 35 Prozent der Bevölkerung die niederländische Staatsbürgerschaft.

Netzwerk im Dreiländereck

Selfkant ist zudem Mitglied im sogenannten **Zipfelbund,** einer Vereinigung der vier in der jeweiligen Haupthimmelsrichtung am äußersten Rande Deutschlands gelegenen Kommunen. Geografisch aber liegt Selfkant mitten **im Herzen Europas.** Eine Verortung, die sich auch im Selbstverständnis ihrer Bürger reflektiert: heimatverbunden, tolerant und weltoffen. Zwischen *Rhein* und *Maas,* an der Schnittstelle von Deutschland, Belgien und den Niederlanden öffnet sich eine bewegte Geschichte, die den Selfkant bis heute prägt und beeinflusst. Am westlichsten Punkt der gemeinde beginnt das „schmalste Stukje" der Niederlande, das hier nur 4,8 Kilometer breit ist. Eine einzigartige Besonderheit innerhalb des Netzwerks der lebenswerten Städte ist, dass hier mit **Selfkant, Echt-Susteren** und dem belgischen **Maaseik** drei zertifizierte Gemeinden in drei Ländern unmittelbar nebeneinanderliegen. Damit ist dieses markante innereuropäische Dreieck auch ein Symbol für den internationalen Charakter der cittaslow-Familie.

Selfkant geht neue Wege

Der Kurs zielt auf eine behutsame Weiterentwicklung der landwirtschaftlich geprägten Gemeinde, eine noch stärkere Integration aller Bürger bei der Frage kommunaler und wirtschaftlicher Zukunftsentscheidungen sowie mehr generationenübergreifende Projekte wie dem Sportpark im Ort *Saeffelen.* Er wird von Schülern und Familien, Radtouristen und Wanderern bereits gerne genutzt. Ein breites Spektrum von Vereinen lebt ehrenamtliches Engagement in seiner ganzen Vielfalt vom Sport bis zur Kultur. Bürgerbeteiligung und Teilhabe werden groß geschrieben, die Selfkanter zeigen Verantwortung und ein ho-

Die Kapelle der unbefleckten Empfängnis aus dem 15. - 16. Jahrhundert steht im Grenzdorf Isenbruch

Hier geht was:

- Kirche St. Nikolaus, Zehntscheune und Propstei (Millen), www.derselfkant.de.
- Kirche St. Michael (Hillensberg), St. Lucia (Saeffeln), Kapelle St. Barbara (Schalbruch), kirche-selfkant.de. Isenbrucher Kapelle, www.isenbruch.de.
- Bauernmuseum (Tüddern), www.bauernmuseum-selfkant.de.
- Museum Haus der Westgrenze, www.selfkant.de.
- Kulturhaus, www.kulturverein-selfkant.de.
- Meditationspfad, blick.weite.eu.
- Westlichster Punkt Deutschlands, www.zipfelbund.de.
- Westzipfelregion, www.westzipfelregion.de.
- Nächster Bhf Geilenkirchen, Sittard (NL), von dort Bus.

Die Vielzahl der natürlichen und künstlichen Seen im Selfkant laden zu schönen Wanderungen ein, auf denen man Zwergtaucher, Smaragdlibellen oder den Gagelstrauch entdecken kann.

hes Maß an Identifikation mit ihrer Wohngemeinde.
Attraktiv präsentiert sich die Gemeinde aber auch im Bereich Gastfreundschaft und **Tourismus.** Das grenzüberschreitend angelegte und vorbildlich konzipierte Knotenpunktsystem für Radwanderfreunde, eine buchstäblich ausgezeichnete Gastronomie und der architektonisch anziehende, modern gestaltete **Westlichste Punkt Deutschlands** begeistern Besucher wie Einheimische. Selfkant vereint Wohnen im Grünen mit ökonomischer Stärke und wegweisender Infrastruktur. Eine moderne ländliche Region, die viele Möglichkeiten zum individuellen Leben und zeitgemäßen Arbeiten bietet.

Die wichtigste Herrschaft des Selfkants im Mittelalter war zunächst Millen, der Sitz des Geschlechts der Herren von Millen. Noch heute zeigt die Außenseite der Millener Kirche drei verschiedenen Mauerwerke aus unterschiedlichen Jahrhunderten.

© Gemeinde Selfkant

Mehr Infos:
Naherholung/Touristik
Am Rathaus 13
52538 Selfkant-Tüddern
02456-499122
selfkant.de

Das Treppchen am „Erlebnisraum Westzipfel" bietet Besuchern die Möglichkeit, mitten im Bach am westlichsten Punkt Deutschlands zu stehen.

© Gemeinde Selfkant

GRENZEN ÜBERWINDEN

AUSSTELLUNG „GEMEINSAM MIT GRENZEN LEBEN“

Die Entwicklung der Gemeinde Selfkant ist das, was man in einem anderen Kontext als dynamischen Lebenslauf bezeichnen würde. Aber die wechselvolle Geschichte ist auch beispielhaft für eine gelebte Nachbarschaft über nationale Grenzen hinweg. Die Nähe zu Belgien und den Niederlanden hat den Ort politisch, historisch und kulturell in vielen Bereichen geprägt: Der verwandte Dialekt, die gemeinsame Lebensart und – in jüngerer Zeit – auch das geteilte Bekenntnis zum internationalen cittaslow-Gedanken haben zu einer inneren Verbundenheit geführt, die sowohl in der Rückschau als auch beim Blick in die Zukunft unübersehbar ist.

Mit dem Projekt **„Gemeinsam mit Grenzen leben“** im *Haus der Westgrenze* wird diese besondere Beziehung überaus plastisch nachgezeichnet. Die Dauerausstellung in der alten Propstei fokussiert insbesondere die Phase zwischen 1949 und 1963, als die Gemeinde unter niederländischer Auftragsverwaltung stand. Doch auch aktuelle Themen wie die verblassenden territorialen Grenzen zwischen den Ländern einerseits und dem wachsenden nationalistisch motivierten Wunsch nach mehr Abgrenzung innerhalb Europas andererseits sollen beleuchtet werden, um den gesellschaftlichen Diskurs mitzugestalten.

Das Projekt soll vor allem auch junge Menschen für die verästelte Geschichte der Gemeinde interessieren und dabei helfen, den **regionalen Kulturraum** in einen historischen Zusammenhang zu bringen. Die grenzüberschreitende Kooperation mit Schulen, Archiven, Heimatvereinen, Universitäten und Bibliotheken ist bereits angelaufen. In diesem Sinne ist die innovativ konzipierte Ausstellung ein didaktisch wertvoller Ansatz, um die Vergangenheit am eigenen Standort auszuleuchten – und dies noch dazu in einem uralten Gebäudeensemble als gemeinsamer Kultur-Bühne im westlichsten Dreiländereck.

Gemeinsam mit Grenzen leben
Haus der Westgrenze
Propsteiweg 8
52538 Selfkant-Millen
02456-499120
www.heimatvereinigung-selfkant.de

oben: Die Zehntscheune von 1788.

links: Die Renaturierung des Rodebachs lädt zu grenzüberschreitenden Fahrradtouren entlang dem Bach ein.

GEBRATENER GRÜNER SPARGEL MIT GNOCCHI UND PESTO

Rezept von Familie Hensgens, Spargelhof Hensgens

SPARGEL

800 g grüner Spargel
2 Zwiebeln
150 g durchwachsener Räucherspeck
2 – 3 EL Butterschmalz
2 – 3 Tomaten
30 g Pinienkerne
600 g frische Gnocchi
Salz
Pfeffer, Cayennepfeffer
Muskat

PESTO

1 Bund Basilikum
1 – 2 Knoblauchzehen
80 g Parmesan, gerieben
20 g Pinienkerne
½ Zitrone
200 ml Olivenöl
Stück Parmesan zum Abhobeln

Für den Spargel Zwiebeln und Speck würfeln und in Schmalz anbraten. Spargel halbieren und 8 – 10 Min. bei geschlossenem Deckel mitgaren.

Tomaten würfeln und zusammen mit den Pinienkernen und Gnocchi kurz mitbraten. Mit Salz, Pfeffer, Muskat und Cayennepfeffer abschmecken.

Für das Pesto Basilikum, Knoblauch, geriebenen Parmesan, Pinienkerne und Zitronensaft im Mixer kleinhacken und Olivenöl zugeben.

Vor dem Servieren Pesto über den Spargel geben und mit gehobeltem Parmesan bestreuen.

» Uns ist es sehr wichtig, den Familienbetrieb nachhaltig und regional weiterzuführen und unseren Kunden mit dem Hofladen, dem Spargelbuffet und dem Beerencafé unsere Produkte frisch anzubieten. «

FAM. HENSGENS

Im Spargelbuffetzelt „Vom Feld ins Zelt“ finden Spargelliebhaber während der Saison ein reichhaltiges, hausgemachtes Selbstbedienungsbuffet mit frischen Produkten direkt vom Hof. Da dürfen auch die „Juppibeeren“ nicht fehlen! Unter diesem Namen vermarktet Familie Hensgens besonders wohlschmeckende Erdbeersorten, die rund um den Hof angebaut und genussreif gepflückt werden. Kürzere Wege bis zum Verbraucher kann es nicht geben.

Auf dem familiengeführten **Spargelhof Hensgens** arbeitet man täglich mit und in der Natur. Neben dem Anbau von Kartoffeln, Rüben, Weizen und Bohnen sind der Erdbeer-, Spargel- und Heidelbeeranbau weitere wichtige Säulen des Betriebs, der in vielerlei Hinsicht nachhaltig denkt: Man setzt auf Sonnenenergie, eine wassersparende Bewässerungstechnik und auf die natürliche Einhaltung von Fruchtfolgen bei der Bewirtschaftung. Alles dient dem Schutz der wichtigsten Ressource: dem Boden. Durch stetige Innovationen und Investitionen werden die Qualität der Produkte gesteigert und die Arbeitsabläufe optimiert. Regionalität und Transparenz sind in diesem lokal verwurzelten Familienbetrieb oberstes Gebot.

Spargelhof Hensgens
mit Beerencafé und Hofladen
Familie Hensgens
Am Kreuzberg
52538 Selfkant-Havert
02456-3672
www.spargelhof-hensgens.de

STOLLBERG (ERZG.)

BEGEGNUNG UND ENTSCHLEUNIGUNG

Idyllischer Blick auf den Walkteich. Gegenüber der Walkteich-Terrasse befindet sich einer der größten Spielplätze der Region.

© wiki Bagl8

Mit einem zukunftsweisenden Verkehrskonzept hat sich Stollberg mehr Ruhe und Raum für seine Innenstadt verordnet: Eine der ersten Maßnahmen des noch jungen cittaslow-Mitglieds, mit der die lebendige Gemeinde am Rande des Erzgebirges einen ganz bewussten Kurs eingeschlagen hat.

Der Kulturbahnhof ist mit Café, Töpferei und einer Infostelle für KiTas ein Ort der Begegnung für Reisende und Einheimische – so wie auch die große Terrasse am Walkteich. Sie wird im Sommer zum Walkbeach, an dem es sich herrlich relaxen lässt. Weihnachtliche Stimmung kommt bei Schnee und Lichterglanz auf.

© Eric Fresia

Damit wird die behutsame Entwicklung der letzten zwei Jahrzehnte weitergeführt mit dem Ziel, dem Ort noch mehr Lebensqualität, Individualität und Identität zu schenken. Ein Auftakt zur Entschleunigung, der im internationalen Städtenetzwerk strategisch sinnvoll fortgesetzt wird.

Spürbar ist der Geist vor allem im **Miteinander der Menschen** und Generationen: Bei Bürgerpicknicken, Stadtfesten und Kulturveranstaltungen wird gesellschaftlicher Zusammenhalt mit Leben gefüllt. Im gesamten Stadtgebiet gibt es eine wachsende Zahl von einladenden Treffpunkten, an denen Jung und Alt ins Gespräch kommen – große Vielfalt in einer familiären Kleinstadt. Der **Stadtgarten** ist eine Oase mitten im Zentrum, die Entspannung und Muße im Grünen ermöglicht. Mit dem Ensemble über dem **Einkaufsmarkt** ist eine attraktive Erholungsfläche mit Kinderspielplatz in direkter Nachbarschaft zum multifunktionalen **Bürgergarten** entstanden, der sich seit seiner Neueröffnung im Jahr 2012 zu einem erfolgreichen Veranstaltungsort mit historischem Flair entwickelt hat.

Begegnungsorte

Der liebevoll sanierte **Kulturbahnhof** ist eine Anlaufstelle für den gemeinschaftlichen Austausch. Mit der Ausgestaltung des Stollberger **Hauptmarktes** wird ein weiterer prominenter Punkt im Herzen des Ortes qualitativ aufgewertet. Auch der Komplex auf dem **Areal Schloss Hoheneck/Stalburc** entwickelt sich zu einer Kulturstätte, an der Vergangenheit auf Zukunft trifft: Die frühmittelalterliche Ritterburg *Stalburc* gab dem Ort einst seinen Namen, diente dann aber seit 1862 als Frauengefängnis, so auch zu DDR-Zeiten. Heute entsteht hier ein Museum zum würdigen Gedenken an die aus politischen Gründen zu Unrecht inhaftierten Frauen.

Mit dem **Begegnungszentrum „das dürer“** hat die Stadt ein eigenes Haus für Familien, Vereine, Organisationen und Generationen geschaffen. Eine bunte Palette an Veranstaltungen und Aktivitäten öffnet Räume und Möglichkeiten für jeden, der mitmachen und etwas bewegen möchte. Ein Café und unterschiedliche Räumlichkeiten bieten eine angenehme Atmosphäre bei einem gleichzeitig sehr breit gefächerten Nutzungsspektrum.

Bildung und Wohnen, Arbeiten und Leben: Der Slogan **„Technologie trifft Lebensqualität“** verweist auf die Symbiose von Wirtschaft und Gesellschaft in einer sächsischen Kleinstadt, die auch von ihrer geografischen Umgebung geprägt ist. Naturnahe Plätze und offene Räume wie beispielsweise das Gelände am **Walkteich** laden zum Müßiggang ein.

Mehr Infos:
Bürgerservice Stollberg
Hauptmarkt 1
09366 Stollberg/Erzg.
037296-940
www.stollberg-erzgebirge.de

oben: Sommerausflug zur nah gelegenen Querenbachtalsperre. © wiki OZ

Die Jakobikirche aus dem 17. Jahrhundert und die neuen Sitzgelegenheiten – inklusive witzigem Riesen-Liegestuhl – laden zum Verweilen auf dem Marktplatz ein. © Fotos: Stefan Herold

Hier geht was:

- Bürgerbegegnungszentrum das dürer, www.dasduerer.de.
- Bürgergarten, buergergarten-stollberg.de.
- Markt-/Jakobikirche.
- Areal Schloss Hoheneck/Stalburc, www.areal-hoheneck.de, sowie www.gedenkstaette-hoheneck.de.
- Alter Schlachthof, Art & Event, www.schlachthof-stollberg.de.
- Veranstaltungen, www.stollberg-feiert.de.
- Wanderwege rund um die Querenbachtalsperre.
- Citybahn Chemnitz, Altchemnitz oder Glauchau – Stollberg.

AB IN DIE MITTE

VOM PARKPLATZ ZUM MARKTPLATZ

Aufenthaltsqualität statt Autos: Nach dem Motto **„Vom Parkplatz zum Marktplatz“** hat die Stadt Stollberg ein Projekt zur innerstädtischen **Verkehrsberuhigung** gestartet, um die Attraktivität des Ortskerns dauerhaft zu erhöhen. Geschaffen werden soll ein harmonisches Umfeld mit geringerer Belastung durch Verkehr und Lärm. Durch die Maßnahme wurde die langjährige Nutzung des Marktes als Parkfläche aufgegeben und der Mensch mit seinem Bedürfnis nach Ruhe und freiem Bewegungsraun wieder konsequent in den Mittelpunkt gerückt.

„Das Entrée zum Stadtzentrum war lange von Fahrzeugen zugestellt“, so Oberbürgermeister *Marcel Schmidt*. Dadurch wurde der Zugang zur Fläche und damit auch ihre Belebung im Sinne der Bürger blockiert. Nun lädt die Terrasse vor dem **Rathaus** mit modernem Stadtmobiliar, viel Grün und sonnengeschützten Nischen zum Verweilen ein. Der neue Freiraum lockt wieder mehr Gäste an – zu Fuß und mit dem Fahrrad. Es gibt Naschpflanzen, Radständer und viele Sitzgelegenheiten. Das Zentrum ist zu einem kommunikativen, generationenübergreifenden **Treffpunkt** aufgewertet worden. Und auch die Luftqualität hat sich verbessert.

Gesundheit und Wohlergehen im Zentrum

Über Gespräche mit dem Innenstadtmanager gelang es, auch den stationären Handel als ideellen Partner zu gewinnen und davon zu überzeugen, dass eine strukturelle Veränderung mit weniger Parkraum nicht zwangsläufig weniger Kundschaft bedeuten muss – im Gegenteil. Die Beruhigung des Kerns hat zu einer höheren urbanen Qualität geführt, von

Skizze aus dem Planungsbüro

der auch lokale Geschäfte, Dienstleister und Gastronomen profitieren, ist der Rathauschef überzeugt. Das Konzept sieht vor, auch den angrenzenden Bereich in die verkehrsberuhigte Zone zu integrieren, um ein homogenes und attraktives Stadtbild zu schaffen.

3 GESUNDHEIT UND WOHLERGEHEN

Vom Parkplatz zum Marktplatz
Bürgerservice Stollberg
Hauptmarkt 1
09366 Stollberg/Erzg.
037296-940
www.stollberg-erzgebirge.de

ARZGEBIRGSCHE BUTTERMILCHGETZN

Rezept von Franziska Kempe, Kempe Bistro & Catering

AUFLAUF
- 1,5 kg Kartoffeln
- 5 TL Salz
- 250 g Buttermilch
- 200 g Speckfett

Alle Kartoffeln schälen, etwa 1 kg roh fein reiben und etwas ausdrücken. Die restlichen 500 g Kartoffeln kochen und leicht stampfen, zu den rohen Kartoffeln zugeben.
Salz und Buttermilch zugeben und die Masse durchrühren.
Das Fett schmelzen und in eine eiserne, hohe Pfanne (oder Auflaufform) geben, darin die Kartoffelmasse etwa 3 cm hoch verteilen und bei 180 Grad im vorgeheizten Ofen ca. 35 Min. ausbacken.

Dazu passt traditionell Beerenkompott.

© ASie

© Kempe Bistro & Catering

Buttermilchgetzn sind ein Klassiker des sächsischen Erzgebirges. Getzen an sich sind ein fleischloses Kartoffelgericht und waren in ärmeren Zeiten Hauptbestandteil der Ernährung. Heute genießt man sie als herzhafte Speise oder Beilage zu einem Fleischgericht.

Bei **Kempe Bistro & Catering** genießen Gäste gern Herzhaftes aus der „Heißen Theke" sowie Suppen und Eintöpfe, frische Snacks und Salate. Hinzu kommen wechselnde Tagesgerichte. Entstanden ist die kulinarische Nische aus der Altstadtfleischerei von *Familie Kempe,* die bereits seit 1968 in Stollberg ansässig ist. Die alte Handwerkstradition wird nahtlos fortgesetzt: Seit 2016 bieten *Franziska Kempe* und ihr Team ein variantenreiches Angebot an Wurstwaren, der Großteil stammt von der *Landfleischerei Wittgensdorf.* Ein individueller Catering-Service serviert kalte oder warme Delikatessen, belegte Brötchen oder Fingerfood je nach Kundenwunsch.

Kempe Bistro & Catering
Franziska Kempe
Rudolf-Breitscheid-Straße 25
09366 Stollberg/Erzg.
037296-2677
www.kempe-bistro-catering.de

HOMBERG (EFZE)

REFORMATIONSSTADT MIT SEELE

Die wunderschöne mittelalterliche Fachwerkstadt Homberg (Efze) ist schon von weither zu sehen mit der imposanten Reformationskirche und der Burgruine.

© Romier Robinson

Am nördlichen Rand der spektakulären Naturlandschaft des hessischen Knüllgebirges verwöhnt Homberg seine Gäste mit nordhessischen und regionalen Spezialitäten: etwa Weckewerk, Ahle Wurscht (Rote Wurst) oder Tafelspitz.

Die historischen Gassen mit ihrem gepflegten mittelalterlichen Fachwerk bilden einen stimmungsvollen Rahmen. Beim Wochenmarkt und der Gastronomie auf dem zentral gelegenen **Marktplatz** öffnet sich ein breites Angebot an regionalen Produkten und gesunden, nachhaltig erzeugten Köstlichkeiten. Das gemeinsame Credo: lokale Produkte genießen und wertschätzen. Etliche Hofläden garantieren frische und gesunde Lebensmittel aus der Umgebung und gemütliche Cafés laden zum Pausieren ein.

Auf einem Basaltkegel gelegen: Von der Burgruine der Hohenburg in 376 Meter Höhe schaut man weit ins Homberger Land.

© Markus Shakals

Wiege der Reformation

Auf der **Hohenburg** erfahren Besucher spannende Details über das Leben auf der Burg und die Anfänge der Stadt, die als die hiesige Wiege der Reformation gilt: Denn in der gotischen **Stadtkirche St. Marien** hat im Jahr 1526 in der damaligen Landgrafschaft Hessen der Protestantismus seinen Anfang genommen, als *Philipp der Großmütige* sich zur neuen Lehre bekannte – und sein Volk mit ihm. Das Bauwerk aus dem 13. Jahrhundert steht exponiert auf einer kleinen Anhöhe mitten in der Altstadt und ist das weithin sichtbare Wahrzeichen Hombergs. Einen so monumentalen und imposanten Eindruck würde man in der idyllischen Kleinstadt nicht erwarten. Doch im Mittelalter war der Ort mit seinen damals 4000 Einwohnern eine florierende Handelsstadt mit allerlei Handwerksbetrieben und somit ein bedeutendes Handwerks- und Handelszentrum im gesamten nordhessischen Raum. Das **Haus der Reformation** im Gebäude der ehemaligen Engelapotheke am Marktplatz gibt Einblicke in die Zeit unter *Landgraf Philipp dem Großmütigen,* die in Homberg (Efze) bis heute präsent ist. Die Menschen sind sich dieser besonderen Historie bewusst, pflegen und bewahren altherge-

Der Marktplatz ist das Herz des kulturellen und kulinarischen Lebens in Homberg.

© Rolf Walter

brachte Traditionen. Historische Identität paart sich mit einem souveränen Blick nach vorn und einem hohen Maß an Sensibilität für die Stadtentwicklung der Zukunft, die grundsätzlich an einer hohen Lebens- und Standortqualität gemessen wird. „Edelsteine" werden poliert, Potenzial für neuen Lebensraum wird intelligent genutzt und aktiv weiterentwickelt.

„Slow" und doch dynamisch

Homberg bleibt dynamisch, doch die Überzeugung ist „slow": Die Stadt und ihre Stadtteile mit heute 14.000 Einwohnern verfügen über eine Vielzahl regionaler Produkte, die nachhaltig und zumeist in Handarbeit hergestellt werden. Von ursprünglichen Backspezialitäten über Bio-Fleisch aus artgerechter Haltung bis zu fair produzierten Handys und High-Tech-Sandalen nach Maß direkt vom Hersteller. Individuelle Produkte mit Herz und Seele von besonderem, nachhaltigen Wert.

Mehr Infos:
Tourismusservice Rotkäppchenland
Markplatz 7
34576 Homberg (Efze)
0800-234235236
www.homberg-efze.de
www.rotkaeppchenland.de

Hier geht was:
- Stadt Homberg (Efze), www.homberg-efze.de.
- Hohenburg, www.burgberg-gemeinde-homberg.de.
- Homberg entdecken, www.homberg-entdecken.de.
- Haus der Geschichte, www.haus-der-geschichte-hr.de.
- WANDELpfad: www.wandelpfad-homberg.de.
- Naturpark Knüll, www.naturpark-knuell.de.
- HOMEberger, Nordhessen nachhaltig erkunden, www.homeberger.de.
- MarktCampus: Neues Wohnen, Leben und Arbeiten im Bestand, www.marktcampus-homberg.de.
- Nächster Bhf 8 km Wabern, Main-Weser-Bahn Frankfurt – Gießen – Kassel.

Wiege der Reformation in Hessen: Die Stadtkirche St. Marien, die sich ihre Gestalt aus dem 17. Jahrhundert bewahrt hat, ragt imposant aus der Altstadt heraus.

BÜHNE FÜR HEIMISCHE LECKEREIEN

WOCHENMARKT MIT MARKTKÜCHE

Der **Homberger Marktplatz** war schon immer der Dreh- und Angelpunkt für Handel, Menschen und Märkte. Heute bietet der **Wochenmarkt** gesunde und nachhaltig erzeugte Lebensmittel aus der Region. Direktvermarkter präsentieren Kunden natürliche und handwerklich hergestellte Erzeugnisse aus biologischem Anbau im Geiste der Slow-Food-Idee. Hier sind alle Früchte aus heimischer Erde zu sehen, die das kulinarische Empfinden der Menschen inspiriert.

Mit dem Konzept der **Marktküche** hat Homberg (Efze) ein Projekt gestartet, das beim Publikum von Anfang an auf positive, sozusagen aromatische Resonanz gestoßen ist. Die Idee ist so einfach wie genial: Lokale Gastronomen bereiten direkt vor Ort Speisen zu, die man auf dem Marktplatz bequem in **„food-lounges“** genießen oder mit nach Hause nehmen kann. Auf diese Weise entstehen genussreiche Begegnungen mit nachhaltigen Effekten.

„Die offene Küchensituation schafft Transparenz und ermöglicht unverbaute Einblicke in die Verarbeitung der Zutaten“, so *Verena Wimmel* vom Homberger Stadtmarketing. Auf diese Weise nehmen die Besucher immer wieder neue Rezeptideen mit und schärfen ihren Blick für die kulinarischen Möglichkeiten saisonaler Produkte. „Es entstehen positive Impulse für gesundes Essen“, so die Eventmanagerin und Projektbeteiligte, die von einer Win-Win-Situation spricht. Denn sowohl der Markt als auch die beteiligten Köche profitieren von diesem Projekt: Die Küche wird von frischen saisonalen Produkten örtlicher Erzeuger gespeist, und die Gastronomen genießen die Aufmerksamkeit des Publikums, das wiederum zum Nachkochen der Menüs motiviert wird. Ein Kreislauf, der die Gesundheit und das Wohlergehen der Menschen fördert und den Markt als beliebten Treffpunkt und kommunikatives Zentrum weiter aufgewertet hat.

3 GESUNDHEIT UND WOHLERGEHEN

12 NACHHALTIGE/R KONSUM UND PRODUKTION

Die Marktküche auf dem Marktplatz gibt Köchen und Köchinnen aus Stadt und Land die Möglichkeit, ihr kulinarisches Können zu präsentieren.

© Uwe Dittmer

Wochenmarkt mit Marktküche
Verena Wimmel
Rathausgasse 1
34576 Homberg (Efze)
05681-994126
www.homberg-efze.de

WILDER KRAUTPUDDING

Rezept von Moritz Zinn, Restaurant Strandbad No. 1

PUDDING

1 Kopf Weißkraut
1 Brötchen (vom Vortag)
1 kleine Zwiebel
1 Ei
500 g Wildschweinhack
Salz
Pfeffer

FÜR DIE SOSSE

80 g Butter
80 g Mehl
1 l Milch
300 ml Krautwasser
Salz
Pfeffer
Muskat
schwarzer Trüffel

Die Blätter vom Weißkraut lösen und in Salzwasser etwa 3 – 4 Min. kochen. Dann gut abtropfen lassen.
Ein altbackenes Brötchen einweichen und ausdrücken.
Die Zwiebel würfeln, mit dem eingeweichten Brötchen, dem Ei und dem Wildschweinhack zu einem Fleischteig vermengen. Mit Salz und Pfeffer würzen.
Eine gebutterte Metall-Puddingform zuerst mit Kraut auskleiden. Dann jeweils abwechselnd mit einer Schicht Hackfleisch und Kraut belegen. Mit Kraut abschließen.
Die Form in einen Topf geben, zur Hälfte mit Wasser füllen und 60 Min. bei schwacher Hitze dämpfen.

Für die Soße Butter in einem Topf aufschäumen lassen und mit dem Mehl zu einer glatten Masse rühren. Nach 1 Min. mit der Milch langsam zu einer sämigen Soße rühren.
Das Kochwasser vom Kraut dazugeben und mit Salz, Pfeffer und Muskat würzen.

Den Krautpudding mit frischem schwarzen Trüffel verfeinern.

»*Ich möchte das Bewusstsein für eine hochwertige nationale und internationale Küche mit regionalen Zutaten stärken.*
MORITZ ZINN«

Mitten im Naturpark Knüll, unterhalb der Burg Wallenstein, liegt das Strandbad No. 1. Hier kocht ein junger Meisterkoch und verbindet den Anspruch einer Spitzenküche mit betont legerem Ambiente.

Moritz Zinn gründete das Restaurant noch während seiner Ausbildungszeit mit seiner Familie. Während seiner Ausbildung im *Gutshof Kassel* war Moritz Jugendmeister von Hessen, als Meisterkoch ist er in seine Heimat zurückgekehrt und hat mit dem **Strandbad No. 1** am Fuß der Burg Wallenstein einen **Premium-Campingplatz** etabliert. Hier bietet er seinen Gästen eine Karte mit Einflüssen aus der Spitzenküche, ohne dabei die nordhessische Bodenhaftung zu verlieren. Ihm ist wichtig, dass die Produktqualität stimmt, weshalb er konsequent der Slow-Food-Idee folgt: Die Küche verwendet nur frische regionale Zutaten, das Fleisch stammt u.a. von der *Tierfairbrik* in Hombergshausen.

Auf der Speisekarte stehen Klassiker wie Wildschweinbratwurst oder Hirschburger an Preiselbeer-Zwiebeln sowie kreative Kompositionen wie Hirschbolognese mit Tortiglioni oder Trüffelpommes mit Parmesan. Auch vegetarische Gerichte stehen auf der Karte des Strandbad No. 1. Geöffnet ist das Restaurant von April bis Oktober, das dazugehörige Landhotel 800 m weiter von April bis 23. Dezember.

Der **Wilde Krautpudding** stellt eine Interpretation und Verfeinerung des traditionellen Rezepts von Omas Kohlroulade dar. Besonders hierbei ist die Füllung mit Wildschweinhack, deshalb „wilder" Krautpudding, sowie die Formgebung als Pudding.

Strandbad No. 1
Burg Wallenstein GmbH
Moritz Zinn
Burgstraße 6
34593 Knüllwald-Wallenstein
05686-395
www.burgwallenstein.de

ZWINGENBERG

MODERNES LEBEN IN HISTORISCHEN MAUERN

Die älteste Stadt an der Hessischen Bergstraße schmiegt sich malerisch an den landschaftlich prägnanten Melibokus: Der höchste Berg der südhessischen Bergstraße zwischen Darmstadt im Norden und Heidelberg im Süden prägt die Kulisse dieses zentral gelegenen Orts an den westlichen Ausläufern des Odenwalds.

Das milde Klima bietet hervorragende Bedingungen für den Weinbau. Aber auch Spargel und Erdbeeren gedeihen im **„Frühlingsgarten Deutschlands“** ausgesprochen gut.

Eine einladende Kulisse für das *Weinfest* mit dem angeschlossenen *Bauern- und Handwerkermarkt* sind die **historische Altstadt** und die idyllische **Scheuergasse,** die außerhalb der Stadtmauern einst als Vorratskammer der Gemeinde galt. Heute strahlt die zentrale Meile mit dem ins Ensemble integrierten **Heimatmuseum** und dem schön restaurierten Fachwerk als Vorzeigemodell für eine sensible Stadtentwicklung: Individuelles Wohnen wird von kleinen Handwerksbetrieben und anspruchsvoller Gastronomie harmonisch aufgewertet.

Kurze Wege, kulturelle Vielfalt

Durch seine kompakte Siedlungsstruktur ist Zwingenberg mit seinen rund 7000 Einwohnern eine Stadt der kurzen Wege. Alle wichtigen Punkte sind bequem zu Fuß oder mit dem Rad erreichbar. Das kulturelle Angebot ist lebendig und facettenreich. Konzerte, Lesungen und Kunstausstellungen werden von einem aktiven Vereinsleben ergänzt. Das Miteinander der Bürgergesellschaft ist durch ein starkes ehrenamtliches Engagement geprägt. Man spürt eine hohe Identität und Identifikation der Menschen mit ihrem Wohnort. Dies erleben Besucher beispielhaft bei einem Besuch des atmosphärisch reizvollen **Abendmarkts** im Rathaushof, bei dem

links: Frühling an der Bergstraße: Die evangelische Bergkirche stammt aus dem Jahr 1258.

rechts: Marktplatzbrunnen mit Altem Rathaus.

unten: Gemütlich und beliebt sind Planwagenfahrten durch die Altstadt.

von April bis September regionaltypische, nachhaltig erzeugte Produkte die Hauptrolle spielen. Ein genussvoller wie kommunikativer Treff, der nicht nur Einheimische begeistert.

Die von Steillagen geprägte **Kulturlandschaft,** die gleich hinter dem Marktplatzpflaster und der evangelischen Bergkirche aus dem 13. Jahrhundert beginnt, offenbart ein hohes ökologisches wie ästhetisches Bewusstsein. Am Fuße der terrassierten Weinberge pflegt man ein reiches historisches Erbe und entwickelt es ebenso zeitgemäß wie behutsam weiter – sowohl architektonisch wie auch ideell, wie das **Bauhaus-Ensemble** der ehemaligen *Fissan-Werke* eindrucksvoll beweist.

Neben dem Erhalt des mittelalterlichen Stadtkerns und seiner Belebung durch Kultur, Gastronomie und gesellige Feste wird dieser Geist auch bei der **Stadterneuerung** deutlich. Zwingenberg wächst langsam und nachhaltig. Ökonomische, ökologische und soziale Faktoren werden zusammen gedacht und umgesetzt. Die Stadt lebt selbstbewusst zwischen Tradition und Moderne, im Einklang von Wandel und Bewahrung.

Hier geht was:

- Museum, Stadtführungen, Planwagenfahrten, www.geschichtsverein-zwingenberg.de.
- Theater Mobile, www.mobile-zwingenberg.de.
- Region Bergstraße, www.diebergstrasse.de.
- Nibelungensteig, www.nibelungensteig.de.
- RE, RB Main-Neckar-Bahn Frankfurt – Mannheim / Heidelberg – Wiesloch-Walldorf.

Mehr Infos:

Tourist-Information Zwingenberg und UNESCO-Geopark-Informationszentrum
Löwenplatz 6
64673 Zwingenberg
06251-984950 (So)
Bürgerbüro, Untergasse 16
06251-70030 (Mo – Fr)
www.zwingenberg.de

Vom Luciberg inmitten der Weinberge hat man einen schönen Blick auf Zwingenberg.

© Tourist-Information Zwingenberg

In Zwingenberg beginnt der 130 km lange Nibelungensteig quer durch den Odenwald.

© ASie

NACHHALTIGER GENUSS AUS DEM WEINBERG

DURSTLÖSCHER AUS WEINBLÄTTERN

Leckeres Getränk aus Weinblättern mit wenig Promille.

Kulturlandschaft in Bewegung

Das in Zwingenberg ansässige Biotechnologie-Unternehmen *BRAIN Biotech* will den Weinbau an der Hessischen Bergstraße um ein besonderes Projekt ergänzen, in dem sich Tradition und Innovation vereinen: Im Kontext von Klimawandel und Umweltschutz wollen die Wissenschaftler eine nachhaltige Landwirtschaft fördern. Dafür soll ein natürliches Nebenprodukt der Rebgewächse genutzt werden: die Weinblätter. Durch das Vergären unbehandelter Blätter mithilfe spezieller Hefekombinationen und einer ausgeklügelten Fermentationstechnologie entsteht ein **Getränk,** das eine ähnliche aromatische Komplexität wie Wein aufweist, aber weniger als 0,5 Volumenprozent Alkohol enthält.

„Bei der Entwicklung unserer Prototypen haben wir unsere langjährigen Erfahrungen in der Mikrobiologie sowie der Bioprozesstechnik genutzt“, erläutert die Mikrobiologin *Dr. Esther Gabor* den Ansatz der biotechnologischen Resteverwertung. Bei diesem innovativen Projekt nutzt das Unternehmen die Laubwand, die im Weinberg für gewöhnlich im späten Frühjahr entfernt wird, um daraus ein hochwertiges regionales Genussmittel herzustellen, das gesundheitsbewusste Kunden ansprechen und den Weingütern im kleinsten deutschen Anbaugebiet ein zusätzliches Einkommen erschließen soll. Insbesondere Betriebe, die auf pilzwiderstandsfähige Neuzüchtungen setzen und ohne Fungizide auskommen, können von der Blattverarbeitung profitieren.

Als Technologie-Dienstleister auf dem Weg zu einer Biologisierung der Industrie engagiert sich BRAIN Biotech unter anderem für eine intelligente Nutzung von Mikroorganismen und Enzymen, die Lebensmittel nicht nur aromatischer und haltbarer, sondern auch gesünder und nachhaltiger machen.

BRAIN Biotech AG
Darmstädter Straße 34 – 36
64673 Zwingenberg
06251-93310
www.brain-biotech.com

BERGSTRÄSSER FRÜHLING

Rezept von Marc-André Kaltwasser, Restaurant Kaltwassers Wohnzimmer

- 4 Eigelb
- 250 ml Öl
- 100 g Buchweizen
- 300 ml Wasser
- Salz
- 250 g Butter
- 12 Stangen Spargel
- 500 g Sauerteigbrot
- 250 ml Öl (geschmacksneutral)
- 500 ml Verjus
- Fleur de sel (Meersalz)
- 80 g Wildkräuter und Blüten
- 50 g Bärlauch
- 20 ml kaltgepresstes Rapsöl
- 50 g geröstete Haselnüsse
- 50 g getrockneter Ziegenkäse

Öl auf 65 Grad erhitzen und Eigelb ca. 45 Min. konfieren (garen).
Buchweizen in Wasser kochen, glattmixen und ausstreichen. Trocknen lassen. Bei 185 Grad ausbacken und salzen.
Butter auf mittlerer Hitze bräunen und salzen. Dann abkühlen lassen und in der Küchenmaschine schaumig schlagen.

Spargel in Salzwasser bei 95 Grad blanchieren und nach 10 Min. abschrecken.
Das Brot bei 180 Grad rösten.
Den Spargel vierteln und im Verjus (säurebetonter Traubensaft) mit etwas Butter glasieren. Mit Fleur de sel abschmecken und mit den Kräutern ausgarnieren.

Bärlauch mit Rapsöl, Haselnüssen und dem Ziegenkäse zu einer Salsa mischen und abschmecken.

Mit dem gerösteten Brot als Beilage servieren.

© Thomas Hobein

» *Wir legen Wert auf eine ehrliche Küche mit natürlichen und unverfälschten Produkten.* «
MARC-ANDRÉ KALTWASSER

© Holger Habich

Kaltwassers Wohnzimmer findet man inmitten der historischen Altstadt von Zwingenberg. Hier wird auf hohem Niveau saisonal gekocht. Authentisch, unprätentiös und mit viel Freude am Tun.

Marc-André Kaltwasser ist ein erdverbundener Heimatmensch. Nach Stationen in der Sternegastronomie ging für den Bergsträßer mit der Eröffnung seines **Wohnzimmers** in Zwingenberg deshalb ein Traum in Erfüllung. Hier hat er sich zwischenzeitlich einen exzellenten Ruf erarbeitet, der im gesamten Rhein-Main-Gebiet und darüber hinaus bekannt ist. Mehrere Auszeichnungen des *Gault Millau* dokumentieren dies.

Eine kreative, ehrliche und saisonale Küche erwartet die Gäste im ältesten Gasthaus der Stadt, das vor einigen Jahren stilvoll restauriert wurde. Zur warmen Jahreszeit kann man dem Küchenteam aus dem gemütlichen Innenhof durch eine gläserne Außenwand bei der Arbeit zuschauen.

Für dieses Buch präsentiert Marc-André Kaltwasser ein raffiniertes **Spargelgericht**. Das königliche Gemüse gedeiht bestens im milden Klima der Bergstraße. Kaltwassers Rezept lässt den Gaumen den Frühling schmecken. Zur Begleitung empfiehlt er einen Grauburgunder, beispielsweise vom renommierten *Weingut Simon-Bürkle* (www.simon-buerkle.de).

© Fotos: ASie

© Thomas Hobein

Kaltwassers Wohnzimmer
Marc-André Kaltwasser
Obergasse 15
64673 Zwingenberg
06251-1058640
www.kaltwasserswohnzimmer.de

MICHELSTADT

BÜRGERSTADT PFLEGT TRADITION

Umgeben von der Odenwälder Naturlandschaft lockt Michelstadt mit seiner schönen Altstadt, seinem lebendigen Markttreiben und seiner urigen Gastronomie sowie durch die nachhaltigen Maßnahmen in der Stadtpolitik zur Steigerung der Wohn- und Lebensqualität seiner Bewohner.

Die sehr gut erhaltene Altstadt, deren sichtbare Form auf das 15. Jahrhundert zurückgeht, ist berühmt durch ihr unverwechselbares spätgotisches **Rathaus,** ein freistehender Fachwerkbau mit offener Erdgeschosshalle aus mächtigen Eichenpfosten. Auf einem ist das Datum der Erbauung „1484" zu lesen. Außer den vielen Fachwerkhäusern sind der **Kellereihof** (eine zur Zeit der Renaissance überbaute fränkische Burganlage) im Stadtmauer-Ring und der **Diebsturm**, die spätgotische **Stadtkirche** von 1490 hinter dem Rathaus sowie die **Synagoge,** in der sich heute ein Museum befindet, sehenswert.

Außerhalb des Stadtkerns sind historisch bedeutsam die **Einhardsbasilika** in Steinbach, die *Einhard,* der Chronist und Vertraute *Karls des Großen,* zwischen 824 und 827 erbauen ließ, das **Jagdschloss Eulbach** der *Grafen zu Erbach-Erbach* mit dem *Eulbacher Park* sowie aus der Römerzeit ein **Römerbad** und Kastelle als Teil des Neckar-Odenwald-Limes.

Im Bewusstsein für ihr historisches Erbe leben die Michelstädter in liberaler Offenheit und moderner Urbanität. Damit knüpft der Ort an eine lange Geschichte an, während der hier im Odenwald immer wieder Menschen aus der ganzen Welt Schutz und Heimat gefunden haben.

Integration & Offenheit

Dieser Geist setzt sich heute fort. Die Stadtgesellschaft mit rund 17.000 Einwohnern ist bunt. Dreißig Prozent, fast jeder Dritte der Michelstädterinnen und Michelstädter, haben ihre familiären Wurzeln in einem anderen Land. Mit Offenheit und Toleranz sieht man in Michelstadt, wie bereichernd interkulturelle Begegnungen sein können.

Dies spiegelt sich nicht nur in einem harmonischen Miteinander der Menschen, sondern auch in der kulturellen und **künstlerischen Vielfalt** des Ortes. Bekannt sind zum Beispiel die *Musiknacht*

Links: Das berühmte spätgotische Fachwerk-Rathaus ist Anziehungspunkt für Touristen aus aller Welt.

Rechts: Die mächtige Stadtkirche überragt den Altstadtring.

Karolingischer Bau: Die Einhardsbasilika beherbergte ursprünglich die angeblichen Reliquien der beiden Heiligen Marcellinus und Petrus.

© Kulturamt Michelstadt

Hier geht was:

- Historisches Rathaus.
- Einhardsbasilika und Schloss Fürstenau in Steinbach.
- Lichtigfeldmuseum/Synagoge.
- Grab des Rabbi Sekel Löb Wormser.
- Englischer Garten Eulbach.
- Beeren- und Naschgarten.
- Michelstadt blüht, www.michelstadt.de/leben-wohnen/michelstadt-blueht.
- Michelstädter Bienenmarkt, Rummel mit Bienenversteigerung.
- Musiknacht im Juli, Orgelsommer.
- Weihnachtsmarkt im Advent, jeweils von Mittwoch bis Sonntag, www.michelstaedter-weihnachtsmarkt.de.
- RE, RE Odenwaldbahn Darmstadt/Frankfurt – Eberbach.

im Juli, der *Orgelsommer* und die hochklassigen *Kirchenkonzerte*. Begleitet wird das Kulturangebot von einer vitalen Theater-, Kunst- und Kunsthandwerkerszene. Galerien und Gastronomie, Handel und Handwerk sind auch für die zahlreichen Gäste interessant.

Als wichtiger **Schulstandort** im Odenwaldkreis ist die Stadt nah an den Ideen und Impulsen der jungen Generation. Gerade im Bildungsbereich werden daher integrative Projekte und der digitale Ausbau gefördert.

Spezialitäten

Der cittaslow-Gedanke spiegelt sich auch im grünen Bewusstsein der Menschen. So erlebt die **Imkerei** seit Jahren einen regelrechten Boom. Die Natur zeigt sich in farbenfroher Artenvielfalt auf den Blüh- und Streuobstwiesen, während die traditionelle **Odenwälder Küche** authentische regionale Spezialitäten aus heimischem Anbau oder den Wäldern serviert. Schon seit Beginn des 18. Jahrhunderts pflegt man hier die Kunst des Bierbrauens, die noch in zwei Hausbrauereien ausgeübt wird. So gelingt es Michelstadt, einerseits sein historisches Erbe zu pflegen, und andererseits weltoffen und mit hoher Verantwortung für eine umweltfreundliche Entwicklung in die Zukunft zu schauen.

Der Odenwald ist auch im Herbst ein herrliches Wandergebiet.

© Fotos: ASie

Mehr Infos:
Kulturamt Michelstadt
Marktplatz 1
64720 Michelstadt
06061-74620
www.michelstadt.de

URBANE GARTENKULTUR

GEMEINSAM GÄRTNERN

Hochbeete und Bienenkästen im Altstadtgraben: Hier werden typische Kleingärten erhalten.

Es ist **Kleingartenkultur** auf einer höheren Ebene. Und das buchstäblich: Am Altstadtring an der alten Michelstädter Stadtmauer wurden ein Dutzend Hochbeete angelegt, um Hobbygärtnern eine zentrale Grünfläche anzubieten. Zwei barrierefreie Hochbeete ermöglichen Menschen mit Handicap einen direkten Zugang zum Altstadtgarten, der die Idee einer nachhaltigen Kommune und vernetzten Stadtgesellschaft beispielhaft zum Ausdruck bringt.

Gemüse statt Blumen in der City: Dieser typische cittaslow-Ansatz war ein Teil der Maßnahme, die von der örtlichen Lenkungsgruppe konzipiert wurde. Ein freies Wiesengrundstück neben einem viel benutzten Fußweg an der Stadtmauer erwies sich als ideales Terrain, die ersten zehn Hochbeete waren innerhalb kurzer Zeit zu einem moderaten Preis vermietet. Dafür steht den Pächtern außerdem ein nah gelegener Brunnen für die Bewässerung der Pflanzen zur Verfügung. Die Pächter verzichten freiwillig auf Pestizide und Fungizide, so bleiben die Beete insekten- und bienenfreundlich.

Das Projekt bleibt dynamisch, da die Parzellen nach jeder Saison neu verpachtet und angelegt werden, wie *Burkhardt Klose* vom Grünflächenmanagement der Stadt erläutert:

„Die Nachfrage ist so hoch, dass bislang noch kein Beet leer geblieben ist.“ Vor allem Bewohner der Altstadt, die am Haus keinen Garten haben können, sind an der Teilnahme interessiert.

Die Zusammenarbeit der Gartengemeinschaft mit dem städtischen Bauhof läuft hervorragend. Und auch die Strahlkraft nach außen ist groß: Die neuen Minigärten werden von Bürgern wie Gästen mit großem Interesse und Sympathie beobachtet. Infotafeln informieren über die Abläufe in der Natur, über die Zäune hinweg kommt man ins Gespräch, probiert saisonale Früchte und sieht auf kleinster Fläche wie sie wachsen.

Urbane Gartenkultur
Stadt Michelstadt
Jürgen Zinn
Frankfurter Straße 3
64720 Michelstadt
06061-3777
www.michelstadt.de/cittaslow

ODENWÄLDER KOCHKÄS UND HANDKÄS MIT MUSIK

Traditionelles Rezept

KOCHKÄS

250 g Margarine
200 g Handkäse
200 g Schmelzkäse
140 g Kondensmilch
1 TL Kümmel
1 TL Natron
200 g saure Sahne

HANDKÄS

400 g reifer Handkäse

MUSIK

2 weiße oder rote Zwiebeln
2 EL Kräuteressig
2 EL Öl
4 EL Wasser oder Apfelwein
Salz, Pfeffer
1 TL Kümmel
etwas Muskatnuss

Für den Kochkäse die Margarine im Wasserbad unter Rühren schmelzen lassen. Schmelzkäse und Handkäse zugeben, alles gut umrühren. Unter Rühren die Milch zugeben. Die Masse aus dem Wasserbad nehmen und abkühlen lassen.
Kümmel und Natron zugeben und umrühren.
Saure Sahne einrühren und den Kochkäse abkühlen lassen.

Den Kochkäse in Schälchen portionieren und mit Musik und evtl. ein paar Kümmelkörnern garnieren.

Für den Handkäse diesen in Scheiben auf einer Platte anrichten und mit der Musik-Marinade übergießen. Etwas durchziehen lassen.

Für die Musik die Zwiebeln in feine Würfel schneiden, mit Essig, Öl, Wasser, Salz und Pfeffer verrühren. Kümmel hinzugeben und mit Muskat abschmecken.
Dazu ein Roggen-Sauerteig-Brot mit knuspriger Rinde reichen.

Tipp: Die Mengen reichen für 8 Portionen, sollten jedoch nicht halbiert werden.

» Koch- und Handkäs mit Musik sind überlieferte traditionelle Rezepte, welche in Familien von Generation zu Generation weitergegeben werden. «

© Kulturamt Michelstadt

Handkäs und Kochkäs sind im Hessischen beliebte Brotzeit-Gerichte, die in den Odenwälder Gasthäusern und Biergärten in verschiedenen Varianten sehr gerne gegessen werden. Getrunken wird zum Hand- oder Kochkäs ein Odenwälder „Äppelwoi" (Apfelwein) von den Keltereien aus der Region.

Kochkäse ist eigentlich ein Sauermilchkäse aus Quark. In Michelstadt ist jedoch ein besonders aromatisches Rezept gebräuchlich, das statt des mehrtägig gereiften Quarks Handkäse einsetzt. Auch hierbei wird durch die Zugabe von Natron und dem Erwärmen eine dauerhaft zähflüssige, streichfähige Konsistenz erreicht.

© Kulturamt Michelstadt

© Kulturamt Michelstadt

Handkäse, ein Sauermilchkäse aus Magerquark, wurde ursprünglich mit der Hand geformt, weshalb man noch heute etwa handtellergroße Laibchen bekommt. Man kannte ihn früher in ganz Deutschland, heute ist er vor allem in Mittel- und Südhessen sowie in der Pfalz beliebt. Für den *Handkäs' mit Musik* nimmt man gereiften Handkäse; ist er „drüber", kann er immer noch im Kochkäse verarbeitet werden.

Traditionell wird Handkäse mariniert und **mit Musik** gereicht – die *Musigg,* wie das Wort ausgesprochen wird, besteht aus Essig, Öl und Zwiebelchen sowie Kümmel, der gegen die ansonsten unter Umständen polternde Verdauung hilfreich ist.

Traditionell wird Apfelwein dazu getrunken. Aber es wäre auch schade, die Michelstädter Bierbrauer zu vernachlässigen!

Tipp

Selbst gemachten Koch- und Handkäs aus regionalen Zutaten bekommt man z.B. im:

Michelstädter Rathausbräu
Fam. Sandra Schwarz
Mauerstraße 1 – 3
64720 Michelstadt
06061-5666
https://rathausbraeu.de

DEIDESHEIM

DORADO DES WEINS

Ein Standbild: Eva wacht über eine der berühmten Weinlagen, dem „Deidesheimer Paradiesgarten".

© Deidesheim

Weltberühmte Weinkultur, niveauvoller Individualtourismus und nachhaltige Lebensqualität: drei Säulen, die Deidesheim prägen und ausmachen. „Entschleunigt genießen" lautet die Devise der Stadt, die bereits seit 2009 zum cittaslow-Netzwerk gehört.

Deidesheim ist offizieller Sitz von cittaslow Deutschland e.V. und folgt dem Leitbild des internationalen Netzwerks voller Konsequenz und Überzeugung. Nachhaltigkeit, Wirtschaftlichkeit und soziale Gerechtigkeit sind die Maßgaben, nach denen alle kommunalpolitischen Entscheidungen abgewogen werden. Das Ziel: behutsames Wachstum und der Erhalt der wertvollen Kulturlandschaft, die vor allem von der Rebe gekennzeichnet ist.

Das Deidesheimer Rathaus am Pfingstdienstag, dem Tag der Geißbockversteigerung.

Sportstudio im Freien – die Alla-Hopp-Anlage für alle Generationen.

© Fotos: Deidesheim

In Deidesheim residieren nicht nur renommierte **Spitzen-Weingüter,** sondern auch traditions- und qualitätsorientierte Familienbetriebe, ökologisch wirtschaftende Bio-Winzer und innovative Quereinsteiger machen die örtliche Szene zu einer vielbeachteten Bühne des bewussten Genusses. An der **Deutschen Weinstraße** blüht authentische Pfälzer Lebensfreude, die sich bei den zahlreichen Weinfesten ebenso offenbart wie in der facettenreichen **Gastronomie.** In der urigen Weinstube genauso wie im noblen Sternerestaurant weiß man um die regionalen Genüsse und kulinarischen Schätze, die hier gedeihen und je nach Saison serviert werden. Ein Höhepunkt im Jahreskalender ist die **Deidesheimer Weinkerwe,** wenn die Menschen zusammenkommen und die heimischen Spezialitäten in geselligem Miteinander genießen. Mehr Pfalz geht nicht!

Wer einmal dort war, bestätigt es: Am Rande des *Pfälzerwalds,* nur einen Steinwurf östlich der *Haardt,* versteht man zu leben. Das Bewusstsein für die Heimat und die 1250 Jahre alte Weinbaugeschichte ist ausgeprägt. Dem beschaulichen Städtchen mit seinen kopfsteingepflasterten engen Gassen, dem historischen Marktplatz und der Pfarrkirche aus dem 15. Jahrhundert gelingt es, Naturverbundenheit, südländische Lebensfreude, Traditionsbewusstsein und Weltoffenheit in einer einzigartigen Collage zu vereinen.

Der Ort entwickelt sich aus dem historisch Gewachsenen und bietet inmitten einer reichen Natur am Ostrand des *Biosphärenreservats Pfäzerwald* eine hohe urbane Qualität und attraktive Infrastruktur für alle Generationen.

Der **Charme Deidesheims** offenbart sich am besten bei einem langsamen Spaziergang durch die verträumten Gässchen mit ihrem bunten Blumenschmuck und den Feigenbäumen bis zum Geißbockbrunnen am Stadtplatz, der den Protagonisten der **Historischen Geißbockversteigerung** ein Denkmal setzt. Jedes Jahr an Pfingstdienstag lebt diese lokale Tradition auf, die bis ins Mittelalter zurückreicht.

Hier geht was:
- Historisches Rathaus.
- Weinbergslandschaft Deidesheim. Gastronomie & Winzer.
- Alla-Hopp-Aktivanlage, www.alla-hopp.de.
- Biosphärenreservat Pfälzerwald, www.pfaelzerwald.de.
- RB Monsheim –Neustadt, RNV 4 Bad Dürkheim – Mannheim.

Mehr Infos:
Tourist Service GmbH Deidesheim
Bahnhofstraße 5
67146 Deidesheim
06326-96770
www.deidesheim.de

Aushängeschild: 3F-Museum für Film- u. Fototechnik in Deidesheim.

Von Bäumen und Efeu überwuchert: Die marode Sandsteinmauer in der Weinbergsflur ist in sich zusammengefallen.

Herausgeputzt: Sandsteinmauer nach der Sanierung.

BIO-SOZIALES ERFOLGSPROJEKT

DAS SAMBA-PROJEKT

Es ist ein Dreiklang, den es in dieser Form selten gibt: Das Deidesheimer Langzeitprojekt SAMBA vereint den Erhalt der regionalen Kulturlandschaft und die Förderung der heimischen Artenvielfalt mit dem gesellschaftlichen Anspruch, Menschen den Weg zurück in den Arbeitsmarkt zu erleichtern. Eine mehrfache Win-Win-Situation.

Und das mit Erfolg: Seit Beginn der Maßnahme haben mehr als die Hälfte der beteiligten Akteure wieder in ein Beschäftigungsverhältnis gefunden. Mehrere Jahre lang haben sie in Kooperation mit Winzern und Handwerkern über eine Länge von über vier Kilometern Trockenmauern aus Sandstein neu aufgebaut sowie historische Wege und Plätze freigeschnitten. Damit konnten wertvolle Lebensräume für Tiere und Pflanzen dauerhaft gesichert und das Gebiet für Touristen und Naturliebhaber wieder attraktiver gemacht werden.

Die Kombination aus Landschaftspflege, Arbeitsbeschaffung und Weiterbildung hat weit über die Pfalz hinaus auch international große Beachtung gefunden: 2022 wurde SAMBA beim weltweit einzigen *World Slowness Forum & Awards* in der koreanischen cittaslow **Jeonju** mit einem Preis ausgezeichnet.

Für den Erfolg der Maßnahme haben viele lokale Protagonisten an einem Strang gezogen: Stadt, Kreisverwaltung und Jobcenter standen in engem Austausch mit dem *Verein für Bildung, Förderung und Betreuung arbeitsloser Jugendlicher (BFB)*. „Die Zusammenarbeit hat nicht nur zu sichtbaren Ergebnissen geführt, sondern auch das Gemeinschaftsgefühl der Menschen gestärkt", so der Deidesheimer Feldhüter *Alexander Braun* über ein in vielerlei Hinsicht nachhaltiges Projekt.

Die Akteure konnten eine Menge Wissen und handwerkliche Fähigkeiten erwerben. Aber auch die öffentliche Anerkennung ihrer Leistung – etwa durch regionale Winzer, Naturschützer und Touristen – hat das Selbstwertgefühl und die Motivation der Menschen gesteigert. Perspektivisch kann die Stadt weiterhin auf das neue Fachwissen zurückgreifen und so die Pflege der typischen Wein- und Kulturlandschaft langfristig gewährleisten.

11 NACHHALTIGE STÄDTE UND GEMEINDEN

13 MASSNAHMEN ZUM KLIMASCHUTZ

SAMBA-Projekt – Deidesheim
Eine Maßnahme zur Erhaltung und Pflege der Kulturlandschaft, zur Förderung der Artenvielfalt und für sozialen Zusammenhalt
Manfred Dörr
Marktplatz 9
67146 Deidesheim
06326-6140
www.vg-deidesheim.de

Pfälzer Saumagen a la Helmut Kohl

Rezept von Stefan Neugebauer, Deidesheimer Hof

SAUMAGEN

Den Saumagen beim Metzger vorbestellen und säubern lassen.

FÜLLUNG

1 ½ kg Schweinefleisch
1 ½ kg blanchierte Kartoffeln
1 ½ kg Mett (oder Bratwurstbrät)

WÜRZMISCHUNG

1 Zwiebel
½ TL Muskat
½ TL Pfeffer
2 – 3 EL Salz
1 TL getrockneter Majoran
½ TL Koriander
½ TL Nelkenpulver
½ TL Kardamom (gemahlen)
½ TL Thymian
1 TL getrocknetes Basilikum
Lorbeerblatt (gemahlen)
Salz
30 g Butterschmalz

Für die Füllung das Fleisch (aus Nacken oder Schulter) grob würfeln, die Kartoffeln in etwa 1 cm große Würfel schneiden und das Mett mit beidem vermischen.

Für die Würzmischung Zwiebel klein würfeln und zusammen mit den Gewürzen mit der Fleischfüllung vermengen.

Den Saumagen gründlich unter kaltem Wasser waschen, zwei Öffnungen mit Küchengarn verschließen. Die Füllmasse durch die dritte Öffnung geben und ebenfalls gut zubinden. Nicht zu vollstopfen, damit er im Topf nicht platzt.
Den Saumagen in reichlich kochendes, gesalzenes Wasser geben und bei geringer Hitze 3 Std. garen.

Danach in Scheiben schneiden und zusammen mit Pfälzer Kartoffeln und Weinsauerkraut servieren.

Tipp: Nach Belieben die Scheiben in Butterschmalz anbraten und bei 200 Grad knusprig ausbacken.

» In unseren Restaurants betreiben wir eine traditionsbewusste und innovative Küche und legen dabei hohen Wert auf Qualität und Regionalität!
STEFAN NEUGEBAUER «

Der Deidesheimer Hof ist eine der renommiertesten Adressen überhaupt: Hier schlägt das gastliche Herz der Pfalz.

© Fotos: Deidesheim

Internationale und einheimische Genießer schätzen den besonderen Komfort eines Fünf-Sterne-Hauses und das hohe kulinarische Niveau. Im **Gourmet-Restaurant Schwarzer Hahn** werden in einem freundlich-hellen Kreuzgewölbe Feinschmecker-Menüs oder À-la-carte-Gerichte – auch vegetarische – serviert. Hier wie in der **Weinstube St. Urban** kann zwischen heimischen und internationalen Weinen der Spitzenklasse ausgewählt werden.

Der **Pfälzer Saumagen** wurde hier kulinarisch verfeinert und schon für etliche Staatsoberhäupter wie *Margaret Thatcher*, *Jacque Chirac* und *Michail Gorbatschow* zubereitet, die Gäste *Helmut Kohls* waren. „Wir sind Gastgeber aus Überzeugung. Unsere Restaurants führen wir traditionsbewusst und weltoffen“, so Inhaberin *Luisa Hahn*.

Deidesheimer Hof
Restaurant Schwarzer Hahn
Marktplatz 1
67146 Deidesheim
06326-69870
www.deidesheimerhof.de (Hotel)
www.restaurant-schwarzer-hahn.de

MAIKAMMER

OASE IM REBENMEER

Der Pfälzer Mandelpfad verbindet Maikammer mit seinen Nachbarn Kirrweiler und St. Martin. Jedes Jahr läutet im März bzw. April die Mandelblüte den Frühling in der Pfalz ein.

Gradlinig, elegant und unprätentiös präsentiert sich der cittaslow-Brunnen auf dem harmonisch umgestalteten Marktplatz von Maikammer. Das Künstlerehepaar Gernot und Barbara Rumpf hat dem Wahrzeichen der Vereinigung ein wunderbares Denkmal gesetzt und gleichzeitig zu einer ästhetischen Aufwertung des Platzes beigetragen.

Die **Weinbergschnecke** symbolisiert Ausgeglichenheit, Geduld und Stetigkeit – aber auch innere und äußere Balance sowie Zielstrebigkeit auf dem bedächtigen Weg nach vorn. Entstanden ist ein kontemplativer Ort der Ruhe mitten im Herzen einer Gemeinde, die als mediterrane Insel im Rebenmeer der Deutschen Weinstraße auf charismatische Weise herausragt. Hier am Fuße des *Kalmit,* mit 672,6 Meter die höchste Erhebung des **Pfälzerwalds,** gedeihen im milden südländischen Klima nicht nur Zitronen, Feigen, Mandeln und Esskastanien, sondern auch Trauben mit Weltklassepotenzial. In kaum einer anderen Gemeinde ist die Dichte an **Winzern** so hoch wie hier. Über 30 Weingüter – Spitzenerzeuger wie Familienbetriebe und Jungwinzer – bewirtschaften zirka 350 Hektar Rebland und führen so die lange Tradition ihrer Vorgänger fort, die Maikammer nachhaltig geprägt hat.
Doch der beschauliche Ort mit seinen 4300 Einwohnern bleibt trotz internationaler Bekanntheit eine gelassene **Mini-Metropole,** in der das Bewahren von Ortskultur und Kulturlandschaft einen hohen

Die Weinbergschnecke ist Teil des Cittaslow-Brunnens auf dem Markplatz.

© Sommer-VP

Stellenwert genießt. Das cittaslow-Leitbild gibt den Takt vor.
Die pittoresken Fassaden aus der Renaissance- und Barockzeit verweisen auf eine **große Geschichte.** Der gesamte Ortskern aus dem 16. Jahrhundert sowie die Erweiterungsbereiche sind als Denkmalzonen ausgewiesen. Eine **nachhaltige Ortsentwicklung** und **sanfter Tourismus** machen Maikammer zu einer „slow city“ im besten Sinn. Der Mensch steht im Mittelpunkt. Bewohner wie Besucher schätzen ein lebendiges Gemeindeleben mit viel sozialem Zusammenhalt und einer lokalen Infrastruktur auf hohem Niveau.

In unmittelbarer Nähe erstreckt sich der malerische **Pfälzer Mandelpfad** an der Schnittstelle von Wald und Rebenlandschaft, der Maikammer mit den Nachbarn *Kirrweiler* und *St. Martin* verbindet. Freunde des üppigen Grüns besuchen den **Pfälzer Gartenmarkt** im August oder spazieren über die große Streuobstwiese,

Sonnenaufgang vom Kalmitturm aus mit Blick auf Maikammer.

© Büro für Tourismus Maikammer

auf der es unzählige heimische Früchte zu entdecken gibt, die vielerorts längst vergessen sind. **Genussmomente** lassen sich auch in den urigen Weinstuben mit klassisch regionalen Speisen oder in der örtlichen Spitzengastronomie erschließen. Nicht nur der Blick auf die Weinkarte lohnt sich!

Mediterraner Garten

Bedingt durch das milde Klima konnte Maikammer schon 1999 einen Garten mit südlichen Pflanzen anlegen. Waren es anfangs 150 verschiedene Pflanzen, so sind es aktuell 500 aus den unterschiedlichsten Regionen rund um das Mittelmeer. Nicht fehlen dürfen mediterrane Küchenkräuter. Viele sind bekannt, wie z.B. die vielfältigen Sorten von Thymian, Rosmarin oder Salbei. Selten zu bewundern dagegen ist der trockenheitsresistente Ätnaginster. Aber auch Bäume, wie der Ölbaum oder die Lotuspflaume sind zu bestaunen.

Hier geht was:

- Ortszentrum mit Fußwegeleitsystem, barrierefrei.
- Cittaslow-Brunnen.
- Mediterraner Garten, barrierefrei.
- Maifest, Christi Himmelfahrt bis Sonntag.
- Kalmitbad, barrierefreies Freibad, www.vg-maikammer.de.
- Erlebnistouren, verschiedene Themen.
- Barrierefreier Wanderweg Bildstöcke und Flurkreuze.
- Wenn nicht anders angegeben: www.maikammer.de.
- Maikammer-Kirrweiler RE, RB Neustadt – Landau – Karlsruhe.

Hinter Maikammer erhebt sich der Pfälzerwald.

© Büro für Tourismus Maikammer

Mehr Infos:

Büro für Tourismus Maikammer
Marktstraße 5
67487 Maikammer
06321-952768
www.maikammer.de

GESUNDE NACHBARSCHAFT

GESUNDHEITSZENTRUM „AM OBEREN SCHNETZWEG“

Eine Solaranlage auf dem Dach macht das Gesundheitszentrum autark.

unten: Das Gesundheitszentrum im Bau.

© Gerst Projektbau GmbH

Trotz einer stabilen haus- und fachärztlichen Versorgung ist es wichtig, rechtzeitig zukunftssichere Rahmenbedingungen zu schaffen. In Maikammer wurde dieser Anspruch ebenso schnell wie konsequent umgesetzt: Nach weniger als eineinhalb Jahren Bauzeit wurde Ende 2022 das neue *Gesundheitszentrum am oberen Schnetzweg* eröffnet. Kurz zuvor hatten der Verbandsgemeinderat und der Gemeinderat die Weichen für das medizinische Großprojekt gestellt, das allen Bürgern der südpfälzischen Ortsgemeinde ein breites Spektrum an medizinischer Kompetenz zur Verfügung stellt.

Zudem wurde das **Angebot an Fachärzten** weiter ausgebaut. Darunter ein Kinder- und Jugendarzt, eine Osteopathin, eine Ergotherapeutin sowie eine Praxis für Physiotherapie. Aber auch ein Hörgeräteakustiker, eine Hebamme und ein Pflegedienst sind in den hochmodernen Neubau eingezogen, der über eine energieeffiziente Haustechnik und einen großen Parkplatz direkt vor dem Haus verfügt. Weitere Dienstleister aus dem medizinisch-pflegerischen Bereich kamen bald hinzu. In Maikammer stehen über 1500 Quadratmeter Nutzfläche für ein breites Spektrum an Gesundheitsleistungen zur Verfügung.

Das erklärte Ziel lautete von Anfang an: **kurze Wege für Menschen aller Generationen.** So bleibt der Standort attraktiv für junge und versorgungssicher für ältere Menschen, die in vielen anderen Kommunen ein ausgedünntes medizinisches Netz erleben. Für die Gemeinde ein wichtiges Infrastrukturprojekt mit Strahlkraft auf die kommenden Jahrzehnte, das neben dem politischen Impuls auch von einer breiten Bürgerschaft mitgetragen wurde – und daher keinerlei Hürden zu bewältigen hatte. Ein Musterbeispiel für zukunftsorientierte Daseinsvorsorge im Dienste der Gesundheit.

Gesundheitszentrum
Oberer Schnetzweg 4
67487 Maikammer
06321-5680
www.mai-med.de

WINZERS KESCHDESUPP'

WÄRMENDE MARONENSUPPE

Rezept von Dirk und Christina Albers, Gasthaus Zum Winzer

- 5 mittelgroße Schalotten
- 80 g Butter
- Rohrzucker
- 1 Zimtstange
- 450 g gekochte und geschälte Maronen
- ½ Stange junger Lauch
- 1 kleine Chilischote
- 750 ml Gemüsebrühe
- 250 ml Sahne
- Pfeffer
- Salz
- Muskatnuss
- 1 Msp. grüner Kardamom, gemahlen

Die Schalotten schälen und würfeln, die Butter in einem Topf zerlassen und die Schalotten darin glasig dünsten.
Den Rohrzucker und die Zimtstange hinzufügen und so lange karamellisieren, bis die Masse eine rötlich-braune Farbe hat.
Die Maronen zerkleinern, Lauch und Chilischote schneiden und zugeben. Dann direkt mit Gemüsebrühe und Sahne aufgießen. Ca. 20 Min. köcheln lassen.

Die Zimtstange entfernen und nach Belieben mit Pfeffer, Salz, Muskatnuss und Kardamom abschmecken. Die Suppe mit einem Stabmixer pürieren, durch ein Sieb streichen und anrichten, z.B. mit gerösteten Brotwürfeln und glatter Petersilie.

© Benjamin Gimmel

» Seit fast 37 Jahren ist es mein Anspruch, mit Spaß und Freude unsere Gäste zu beglücken. Neben Salz und Pfeffer ist Liebe unsere wichtigste Zutat.
DIRK ALBERS «

© Büro für Tourismus Maikammer

Angesiedelt im 1768 erbauten Gebäude des prämierten Weinguts Dengler-Seyler verzaubert das Gasthaus Zum Winzer mit einigen architektonischen Besonderheiten – den Arkaden etwa, vor denen man im Sommer draußen speisen kann, dem denkmalgeschützten Treppenhaus oder der barocken Bacchusstube.

Dirk und *Christina Albers* holen in ihrem **Gasthaus Zum Winzer** das Flair der Toskana mitten in die Pfalz. Seit vielen Jahren begeistern sie ihre Gäste mit einer mediterran inspirierten Küche auf der Basis qualitativ hochwertiger und regionaler Produkte. Dazu gehören in der Pfalz natürlich auch Esskastanien, „Keschde", und der Wein. Ausgeschenkt werden die Weine des örtlichen *Weinguts Dengler-Seyler*, www.dengler-seyler.de.

Wechselnde saisonale Angebote wie die Fisch- und Krustentierwochen, die Spargel- und Wildmenüs und das traditionelle Gänseessen betonen die kulinarische Vielfalt der Heimat. Die Lieferanten kennt man persönlich: Zwiebeln, Süßkartoffeln, Kürbis, Kichererbsen und Eier stammen vom *Schmitthof* in Lingenfeld, vom *Hof Ritzmann* in Winnweiler Wollschwein, Glan-Rind und Geflügel und das frische Rehwild beziehen die Albers vom Jäger aus Böbing/Pfalz.

Und nicht nur das Restaurant überzeugt durch seine Kombination von moderner Einfachheit und bodenständiger Eleganz, sondern auch die fünf **Gästezimmer** verströmen durch ihre zurückhaltende Einrichtung einen Hauch von mediterranem Lebensgefühl.

© Fotos: Büro für Tourismus Maikammer

© Verein Südliche Weinstrasse Annweiler am Trifels e.V., TIZIE Photographie

Gasthaus Zum Winzer
Christina und Dirk Albers
Weinstraße Süd 8
67487 Maikammer
06321-5410
www.gasthaus-zum-winzer.de

BLIESKASTEL

BAROCK TRIFFT BIOSPHÄRE

Unter den Grafen von der Leyen erlebte Blieskastel im 18. Jahrhundert eine Blüte, als diese 1773 ihren Wohnsitz von Koblenz nach Blieskastel verlegten und Gräfin Marianne von der Leyen den Flecken Blieskastel zur Residenzstadt ausbaute.

© Roman Schmidt

Der sorgfältig konservierte und bestens erhaltene Ortskern verleiht der ehemaligen Residenzstadt ihren individuellen Charme. Umgeben von sanften Hügeln und üppig grünen Streuobstwiesen, präsentiert sich Blieskastel mit seinen historisch wertvollen Barock-Ensembles und den romantisch verwinkelten Gassen von seiner authentischsten Seite.

Ihre **einzigartige Architektur** verdankt die Gemeinde *Gräfin Marianne von der Leyen,* die den Ort gegen Ende des 18. Jahrhunderts auch in punkto Baukunst geprägt hat. Der von Platanen gesäumte Paradeplatz mit dem alten Rathaus, der Herkulesbrunnen sowie die Orangerie und das Wallfahrtskloster lassen diese prunkvolle Epoche lebendig und Geschichte greifbar werden. Eine als Gräfin gewandete Gästeführerin nimmt Besucher gerne mit in die schillernde Vergangenheit.

Als Teil der **Barockstraße Saarpfalz** bildet Blieskastel gleichzeitig das Herz des **Biosphärenreservats Bliesgau.** Hier im Südwesten Deutschlands nahe der französischen Grenze treffen sich barocke Fülle und natürliche Artenvielfalt weit abseits der großen Touristenströme. Man legt Wert auf Klasse statt Masse – auch im Fremdenverkehr und bei der Stadtentwicklung sind regionalverträgliche Konzepte und ökologisch nachhaltige Aspekte tonangebend. Im staatlich anerkannten **Kneipp-Kurort** dreht sich die Welt noch etwas langsamer. Ein Besuch im Uhrenmuseum „La Pendule" erinnert an Zeiten, in der Hektik und Höchstgeschwindigkeiten noch keine Rolle gespielt haben.

Die grüne Stadt

Entschleunigung gehört auch heute noch zum Selbstverständnis von Blieskastel, wo man sich auf Originalität und Regionalität besinnt. Saarländische Herzlichkeit und Gastfreundschaft sind allgegenwärtig. Die Natur kehrt im-

oben: Dörflich anmutende Gassen kontrastieren die herrschaftliche Architektur.
unten: Das imposante Rathaus stammt aus dem 18. Jahrhundert. © Fotos: Wolfgang Henn

mer stärker in die Barockstadt zurück. Hochbeete mit gesunden Nutzpflanzen und heimischen Kräutern, farbenfroh blühende Mikrogärten sowie eine Duft- und Aromastraße mit grünen Hängekästen mitten in der Altstadt zeugen von einem ausgeprägten Bewusstsein für sinnliche Genüsse und ein durchgängig ästhetisches Stadtbild. Die **„Essbare Biosphärenstadt"** erzielt mit einfachen Mitteln einen großen Erfolg: Nutzpflanzen gedeihen auf öffentlichen Flächen, jeder Bürger kann sich bedienen und als Gärtner tätig werden. Dadurch wächst das Naturbewusstsein der Menschen an einem Ort, wo soziales Miteinander blüht und die Identifikation mit Stadt und Region immer weiter wächst.

Ohne aufwendige Umbauten ist es durch pointierte Maßnahmen gelungen, eine deutliche Aufwertung des zentralen Platz- und Straßenraumes umzusetzen und die Aufenthaltsqualität erheblich zu steigern. Der Biosphärengarten ist sowohl Stadtverschönerung wie auch eine Art Freiluft-Klassenzimmer – und ein kommunikativer Ort der nachbarschaftlichen Begegnung.

Hier geht was:
- Wallfahrtskloster, www.wallfahrtskloster-blieskastel.de.
- Stadtführungen.
- Altstadtfest und Themenmärkte, www.blieskastel.de.
- Festival Euroclassic, Herbst, www.festival-euroclassic.eu.
- RB Saarbrücken – Pirmasens.

Mehr Infos:
Tourist-Info Blieskastel
Haus des Bürgers, Luitpoldplatz 5
66440 Blieskastel
06842-9261314
www.blieskastel.de

links: Salbei, Rosmarin und Thymian erfüllen die Straßen mit ihrem Duft.

unten: Kräuterkästen schmücken die Straße.

© Blieskastel

NASCHEN ERWÜNSCHT

DIE ESSBARE STADT

Unter öffentlichen Grünflächen stellt man sich gemeinhin etwas anderes vor. In Blieskastel schmecken sie besonders gut: Das **Konzept „Essbare Stadt“** basiert auf der Idee, eine Vielfalt an genießbaren Nutzpflanzen im öffentlichen Raum anzubauen. Ernten und probieren ist ausdrücklich erlaubt. Jeder Einwohner kann säen und jeder darf sich an diesem grünem Buffet bedienen. Das ist gesund, stärkt das Naturbewusstsein und schafft eine Basis für ein lebendiges soziales Miteinander. Und nicht zuletzt fördert es die Identifikation mit der gesamten Region im *Biosphärenreservat Bliesgau.*

Überall in der Altstadt blüht die Vielfalt eines **traditionellen Bauerngartens** in seiner schmackhaftesten Form: Erdbeeren und Kräuter, Salate und Gemüse gedeihen in Hochbeeten und Hängekästen und laden zum Naschen und Schnuppern ein. Der gesamte Ortskern profitiert von dieser optischen Aufwertung. Schon bald nach dem Beginn haben die ersten **Synergieeffekte** hinsichtlich einer Inwertsetzung der Kulturlandschaft zu keimen begonnen: Schulen, Kindergärten und Umweltverbände sind ebenso mit im grünen Boot wie der regionale Imkerverein und der städtische Forst. Aber auch Aspekte wie Regionalvermarktung und Tourismus („essbare Stadtführungen“) sind in das Projekt eingebunden, das konzeptuell wie ideell auf Nachhaltigkeit beruht.

Die Idee verbindet Menschen aller Generationen und sozialen Nischen und setzt auf diese Weise überaus positive Akzente in einer vitalen Stadtgesellschaft. Es entstand eine neue Form von Gemeinschaftsgeist, aus deren kreativem Herzen bald weitere integrierte Teilprojekte wie eine Duft- und Aromastraße und ein kleiner Weinberg geboren wurden. Im Kontext des Projekts wurde der **Biosphären-Bürgergarten** angelegt, der auch von Schulen und Kitas bepflanzt wird. Eine reiche Oase für Pflanzen und Tiere mitten in der Stadt.

Essbare Biosphärenstadt
Ansprechpartner: Andreas Ternes
66440 Blieskastel
06842-9261306
www.blieskastel.de

Weltraum-Ritter mit Vanillesosse

Rezept von Cliff Hämmerle, Restaurant Hämmerles

RITTER	Für die Ritter Vanille in die Milch geben, die trockenen Milchbrötchen vierteln und darin einweichen. Wenn sie vollgesogen sind, leicht ausdrücken.
½ Vanilleschote	Danach die aufgeweichten Brötchen in Mehl wenden.
200 ml Milch	Die Eier verquirlen und die Brötchen durch den Eischaum ziehen
4 Milchbrötchen vom Vortag	Anschließend mit den Semmelbröseln panieren.
100 g Mehl	Die Butter in einer Pfanne erhitzen und die Teilchen mit dem Zucker darin goldgelb braten und karamellisieren lassen.
2 Eier	Dazu passen Vanillesoße und Obst.
200 g Semmelbrösel	
2 EL Butter	
2 EL Zucker	

VANILLESOSSE	Für die Vanillesoße Milch, Sahne und Vanille-Mark in einem Topf kurz aufkochen.
250 ml Milch	Eigelb und Zucker mit dem Schneebesen ca. 1 Min. aufschlagen. Die Milch-Sahne-Mischung hinzugeben und unter ständigem Rühren mit einem Gummischaber bei ca. 80 Grad bis zur Bindung erhitzen.
250 ml Sahne	Durch ein Sieb in eine Schüssel geben.
½ Vanilleschote	Zum Servieren 2 – 3 EL Soße auf einen flachen Teller geben, die Ritter darauf platzieren und schließlich mit Obststückchen oder Beeren hübsch garnieren.
6 Eigelb	
80 g Zucker	
Obst, Beeren	

© ASie

» *Es gibt vieles im Leben, was ich mit Genuss verbinde. Am meisten aber genieße ich gutes Essen in liebevollem Ambiente.*

CLIFF HÄMMERLE «

© Blieskastel

© ASie

Dieses von Cliff Hämmerle ersonnene Rezept ist eine Variante des Armen Ritters und eine Reminiszenz an den saarländischen Astronauten Matthias Maurer.

Seit 1995 ist *Cliff Hämmerle* Inhaber des **Hämmerle's** in Blieskastel-Webenheim. Hier betreibt er die Restaurants *Landgenuss* und *Barrique*. Er und sein Team verwandeln die regionalen Köstlichkeiten des Saarlands in einzigartige Kompositionen. Die Küche verarbeitet bevorzugt hochwertige Lebensmittel aus der Biosphäre Bliesgau, die hier kreativ interpretiert und kombiniert werden. Im modern-eleganten Ambiente sorgt die Familie Hämmerle für eine echte Wohlfühl-Atmosphäre. Das *Barrique* wurde 2012 erstmals mit einem Stern im Guide Michelin ausgezeichnet. „Es gibt vieles im Leben, was ich mit Genuss verbinde. Am meisten aber genieße ich gutes Essen in liebevollem Ambiente." Diesem Anspruch folgt Cliff Hämmerle auch als Gastgeber.

Hämmerle's
Restaurant Barrique & Landgenuss
Cliff Hämmerle
Bliestalstraße 110 A
66440 Blieskastel-Webenheim
06842-521
haemmerles.de

SCHWETZINGEN

SÜDLÄNDISCHES FLAIR UND KURPFÄLZER CHARME

Kulturell bildet das Mozartfest im Jagdsaal des Schwetzinger Schlosses einen der Höhepunkte des Jahres.

Schwetzingen setzt auf Lebens- und Aufenthaltsqualität, auf genussreiche Kulinarik und historische Identität. Die ehemalige Residenz der Pfälzer Kurfürsten bezaubert mit barocker Architektur rund um das monumentale Schloss – dem Wahrzeichen der berühmten Spargel- und Festspielstadt.

Elegante Parkanlagen und Promenaden bestimmen das Stadtbild, in dem sich südländische Lebensfreude mit urbanem Charme vereint. Der prachtvolle **Schlossgarten** aus dem 18. Jahrhundert verändert sein Gesicht im Wandel der Jahreszeiten – von der üppig blühenden Kirsch- und Mandelblüte bis zur kontemplativ-winterlichen Ruhe lädt das Ensemble zum Entspannen und visuellen Genießen ein.

Der Schwetzinger Schlossplatz lädt mit seinem mediterranen Flair und seinem barocken Schloss zum Verweilen ein.

© Tobias Schwerdt

Von Flaniermeile bis Spargellehrpfad

Doch Schwetzingen blickt auch selbstbewusst nach vorn. Eine moderne Innenstadt setzt Akzente und neue Impulse für die Zukunft. Regionale Produkte und inhabergeführte Geschäfte bestimmen das Profil der **kurpfälzischen Flaniermeile,** in der kurze Wege und eine intelligente Verkehrsinfrastruktur den Menschen ein hohes Maß an umweltfreundlicher Mobilität ermöglichen. Ein gut ausgebautes Radwegenetz, eine wachsende Zahl an E-Ladestationen und kostenlose Citybusse spiegeln den cittaslow-Geist ebenso wider wie ein integriertes Klimaschutzkonzept und die direkte Bürgerbeteiligung bei elementaren Stadtentwicklungsprozessen. Ein buchstäblich kostbares Erbe ist der **Spargelanbau.** Das königliche Gemüse wird hier seit über 350 Jahren kultiviert. Eine Schwetzinger Spezialität, die weltweit einen hocharomatischen Ruf genießt. Auch in der heimischen Gastronomie gibt die Saison den Ton an. Auf dem *Spargellehrpfad* erfährt man von Profis spannende Details über die gesunden Stangen, in Workshops kann man sogar selbst Hand anlegen. Aber auch die lokale Brautradition lebt bis heute fort und lädt zu entspannten Genussmomenten vor fürstlicher Kulisse ein.

Das Museum Blau zeigt individuelle Ausstellungsstücke.

© Tobias Schwerdt

Musik und mehr

Kulturell bilden die **Schwetzinger SWR Festspiele** im Schlosstheater den Höhepunkt des Jahres. Von Ende April bis Mitte Juni gastieren in den Zirkelsälen hochkarätige Solisten und Ensembles. Eine feine Bühne der klassischen Musik, die seit 1952 Kenner und Liebhaber aus der ganzen Welt begeistert. Aber auch das restliche Jahr wird die Kulturszene von einem spartenreichen Programm aus Festivals, Theaterproduktionen und Konzerten bereichert. Ein Mix aus renommierten Künstlern

Ausgedehnte Fahrradtouren mit einem gemütlichen Picknick sind in der Schwetzinger Umgebung ein Muss.

Treffpunkt: Der Schwetzinger Markt lockt jeden Mittwoch und Samstag mit regionalen Ständen zum Einkaufen und Verweilen.

Ein Waldspaziergang im Schwetzinger Stadtteil Hirschacker entschleunigt und entspannt die Seele.

© Fotos: Tobias Schwerdt

und jungen Talenten, der beispielhaft für die gelebte Vielfalt in der einstigen Residenzstadt steht.

Erholung in der Natur

Natur pur im Schwetzinger Norden und im Mannheimer Süden: Auf der Gemarkungsgrenze liegt das **Natur- und Landschaftsschutzgebiet Hirschacker und Dossenwald.** Es gehört zum *Naturraum Schwetzinger Sand* und umfasst eines der wichtigsten Flugsandgebiete Baden-Württembergs. Hier wachsen Kreuz-Enzian, Sandrasen mit Silbergras sowie Sand-Strohblume und Zwergstrauchheide mit Heidekraut. Auf dem Neckarschwemmfächer mit seinen lehmigen Böden wächst ein Eichen-Hainbuchen-Wald, durch den herrliche Wanderwege führen.

Mehr Infos:

Touristinformation Schwetzingen
Dreikönigstraße 3
68723 Schwetzingen
06202-87400
www.visit-schwetzingen.de

Hier geht was:

- Motivbänke, mit Erläuterungen zur Stadtgeschichte, www.visit-schwetzingen.de.
- Museum Blau, museumblau.de.
- Spargelzeit in Schwetzingen, www.visit-schwetzingen.de.
- Kurfürstlicher Weihnachtsmarkt, www.schwetzingen.de/genuss-tradition/weihnachtsmarkt.
- Schwetzinger Festspiele, www.swr.de.
- Mozartfest, www.mozartgesellschaft-schwetzingen.de.
- Winter in Schwetzingen, klassische Konzerte, www.winter-in-schwetzingen.de.
- RB, S9 Rheinbahn Mannheim – Karlsruhe.

Im Urban Garden pflanzen und pflegen Einheimische eine Vielfalt an Gemüse und Kräutern.

© Stadt Schwetzingen

BLÜHENDES ENSEMBLE

URBAN GARDENING IM HISTORISCHEN MARSTALLHOF

Das ökologische und nachhaltige Konzept des Projekts ist unmittelbar erlebbar: In Schwetzingen wurde die Idee des **Urban Gardening** besonders erfolgreich umgesetzt. Jeder Bürger hat seit 2022 die Möglichkeit, mitten in der Stadt ein Stück Natur zu bewirtschaften. **Hobbygärtner** können Kräuter, Gemüse und heimische Obstsorten für den Eigenverbrauch anbauen und ernten. Dafür hat die Stadt den inneren **Marstallhof** entsprechend umgestaltet. Im wunderschönen Ambiente des kurfürstlichen Ensembles wurden in ansprechender Bauweise Hoch- und Tiefbeete angelegt und zur vielseitigen Nutzung in Parzellen eingeteilt. Für die Bewässerung steht ein Wasseranschluss zur Verfügung.

Die cittaslow-Schnecke genießt die Sonne im Marstallinnenhof.

© Stadt Schwetzingen

Die **Stadtgärtnerei** begleitet das Projekt, das von Beginn an auf enormes Interesse gestoßen war. Der Clou: Die Beete wurden über ein Losverfahren kostenlos an die glücklichen Bewerber vergeben. Über einhundert Bürgerinnen und Bürger sind bislang beteiligt. Auch Vereine sind im Stadtgarten engagiert. Auf diese Weise wird ein urbanes Quartier erheblich grüner, wertvolle Fläche wird entsiegelt und naturnaher gestaltet.Im Hof wachsen Tomaten, Kohlrabi und Auberginen sowie Lorbeer, Zitronenmelisse und Zitronenverbene, Olivenkraut und Schnittlauch – und vieles mehr. Neben den privaten Parzellen stehen auch öffentliche Beete bereit, an denen sich jeder nach Lust und Laune bedienen kann.

„Wir konnten eine von Bürgern gepflegte öffentliche Gartenanlage in das historische Herz unserer Stadt bringen", freut sich Oberbürgermeister *Dr. René Pöltl,* der vom Zuspruch aus der Bevölkerung beeindruckt ist. „Die Natur ist zu den Menschen gekommen!" Der Austausch untereinander und mit dem Team der Stadtgärtnerei sei überaus vital und befruchtend für alle, so Pöltl, der das Projekt perspektivisch erweitern möchte. „Der Erfolg spricht für sich!"

Urban Gardening im historischen Marstallhof Schwetzingen

Stadtverwaltung Schwetzingen
Carl-Theodor-Straße 8
68723 Schwetzingen
06202-87201
www.visit-schwetzingen.de

VEGANER SPARGELSALAT NACH GROSSMUTTERS REZEPT

Rezept von Ilse Fackel-Kretz, Spargelhof Fackel-Kretz

SPARGEL
1,5 kg weißer Spargel
1 kleine Zwiebel

SALAT
3 EL Weißwein-Essig
6 El Sonnenblumenöl
Salz
Schnittlauch

Den Schwetzinger Spargel schälen und 12 – 15 Min. in kochendem Salzwasser bissfest garen. Beim Abschütten ca. 1 l Spargelsud auffangen und etwas abkühlen lassen.
Den Spargel in mundgerechte Stücke schneiden. Die Zwiebel sehr klein hacken. Zusammen in eine Schüssel geben.

Für den Salat die Salatsoße aus Weißwein-Essig und Sonnenblumenöl darüber geben und mit reichlich Salz abschmecken.
Den lauwarmen Spargelsud über den Salat gießen, bis dieser bedeckt ist und ca. 30 Min. ziehen lassen. Danach die Salatsoße zur Hälfte abschütten.
Den Salat mit frischem Schnittlauch bestreuen und lauwarm servieren.

»Man braucht nicht Lebensmittel um die halbe Erdkugel zu transportieren. Es gibt so viele leckere saisonale Gerichte in der eigenen Nachbarschaft!«
ILSE FACKEL-KRETZ

Der Spargelhof der Familie Fackel-Kretz, der mit viel Tradition und bereits in fünfter Generation geführt wird, zeichnet sich vor allem durch seine Liebe zum Spargel aus. Um die Natur zu schonen, baut die Familie ihren Spargel ohne Folie an und erntet ihn traditionell immer noch von Hand. Der Familie ist es zudem sehr wichtig, alle Zutaten des Spargelsalates aus der Region zu beziehen. Sein Rezept wird mit Liebe von Generation zu Generation weitergegeben.

Der **Spargelhof Fackel-Kretz** ist der letzte landwirtschaftliche Betrieb im historischen Stadtzentrum Schwetzingens, der komplett in familiärer Regie betrieben wird. Bereits in der fünften Generation baut *Familie Fackel-Kretz-Keller* unter anderem die alte Spargelsorte „Schwetzinger Meisterschuss" an, die wohl zu den weltweit besten Varianten des Königsgemüses zählt. Vor Ort wird der Spargel ausschließlich ohne Folie als Bleichspargel im Freiland angebaut und noch ganz traditionell von Hand geerntet. Inhaberin *Ilse Fackel-Kretz* ist überzeugt: „Man braucht nicht Lebensmittel um die halbe Erdkugel zu transportieren. Es gibt so viele leckere saisonale Gerichte in der eigenen Nachbarschaft!"

Spargelhof Fackel-Kretz
Invalidengasse 6
68723 Schwetzingen
06202-10248 (für Vorbestellungen)
www.spargelhof-fackel-kretz.de

BAD WIMPFEN

KOSTBARE HEIMELIGE MOMENTE

Bad Wimpfen lädt ein, seine mittelalterlichen Gassen zu durchstreifen oder vom Blauen Turm aus die Struktur der alten Kaiserpfalz von oben zu betrachten.

Bad Wimpfen ist sehr stark engagiert, den historischen Charme einer denkmalgeschützten Altstadt mit moderner Lebensqualität zu verbinden, und daraus eine lebens- und liebenswerte Stadtkultur zu entwickeln. Es gelingt vorbildlich, Besucher und Bewohner in harmonischen Einklang zu bringen.

Der Umwelt- und Klimaschutz sowie die Entwicklung eines erlebnisreichen und nachhaltigen Tourismus stehen dabei in der zertifizierten „Familiengerechten Kommune“ an vorderster Stelle. Das Prädikat „Familiengerecht“ erhielt die Stadt erstmals 2016 vom gleichnamigen Verein.

Zahlreiche Vereine und engagierte Bürger tragen zur lebendigen Vielfalt an örtlichen Angeboten und Veranstaltungen bei. Mal wird gefeiert an Fasching bis der „Fassebutze brennt“ – nämlich am Aschermittwoch –, mal zeigen mittelalterliche Händler auf dem Zunftmarkt ihr Können. **Historische Märkte** haben in Bad Wimpfen eine mehr als tausend Jahre alte Tradition und beeinflussen sogar die Zeitrechnung. Schließlich werden die Wimpfener ausschließlich vor oder nach dem *Talmarkt,* einem der ältesten Märkte in Deutschland und dem größten in der Region, geboren.

Erholung und Inspiration

Bad Wimpfen bietet eine hervorragende Infrastruktur für Erholung und Inspiration. Neue Perspektiven in die Landschaft erschließen sich von den historisch einmaligen Arkaden der Pfalz, Kontemplation ist in den Kirchen und Klöstern der Stadt zu finden. Entspannen lässt es sich in wohliger Sole des Heilbades oder aktiv zu Fuß und per Rad entlang der Neckar-Auen. Zerstreuung und Erbauung finden sich in den Wäldern der Umgebung oder zentral am **Begegnungspunkt Altes Spital.** Dort treffen Bürger auf Touristen und die Tradition im *Reichsstädtischen Museum* trifft auf die Moderne aktueller Kunstausstellungen der *Städtischen Galerie.* Hier wird der cittaslow-Gedanke lebendig und interessierten Gästen vorgestellt.

Von links nach rechts: Der Kreuzgang des Malteser-Klosters ist ein Ort der Besinnung. Die Klostergasse mit ihren schönen Fachwerkhäusern ist sehenswert. Szenische Stadtführungen bringen Gäste zurück in die Geschichte. Pilger-Rast am Neckarufer.

Mehr Infos:
Tourist-Information
Hauptstraße 45
74206 Bad Wimpfen
07063-97200
www.badwimpfen.de

Hier geht was:

- Majestätische Kaiserpfalz über dem Neckar.
- Denkmalgeschützte Altstadt mit romantischen Gassen.
- Reichsstädtisches Museum, Städtische Galerie und Tourist-Information im Alten Spital.
- Themenführungen, Erlebnisse, Feste: www.badwimpfen.de.
- Erholsame Sole im Solebad, www.solebad-badwimpfen.de, und großes Mineralfreibad.
- RB Heilbronn – Heidelberg, S-Bahn Heilbronn – Sinsheim/Mosbach.

Hier kommt richtig Bewegung ins Spiel: Ein Team, eine Strecke in historischer Umgebung, rätselhafte Botschaften, ein Ziel – nämlich rechtzeitig zurück sein und alle Rätsel lösen.

© Fotos: Stadt Bad Wimpfen

ES GESCHAH 1235

DIE TRAGISCHE FLUCHT DES HEINRICH VII.

Beim Explorer Game ist Köpfchen gefragt. Man taucht in die Geschichte des Stauferkönigs ein und nimmt interessante Details aus dieser Zeit mit.

Unter den staufischen Reisekaisern erlangte Bad Wimpfen im Mittelalter den Status einer Metropole. Die Majestäten hielten über Generationen immer wieder Hoftag in der Feste über dem Neckar. Zuerst kam *Kaiser Friedrich I. Barbarossa* (1122 – 1190). Er ließ die trutzige wehrhafte Burg bauen, wie sie noch heute in aller Pracht zu bestaunen ist. Auch sein Urenkel hielt hier immer wieder Hof. Dieser *Heinrich (VII.)*, überwarf sich mit seinem Vater *Kaiser Friedrich II.* dermaßen, dass dieser ihm 1235 die Königswürde entzog, weshalb Wimpfen im damaligen römisch-deutschen Reich in aller Munde war.

Diese Geschichte soll mit dem neuen **Explorer Game** wieder lebendig werden und an dem Ort starten, wo sich Tradition mit Moderne, Bürger mit Gästen und Touristen aller Welt treffen – dem Alten Spital in Bad Wimpfen.

Sehen, schauen, verweilen – genau lesen, hinhören, Details erkunden, Besonderheiten entdecken, den Hinweisen und Spuren durch die denkmalgeschützte Altstadt von Bad Wimpfen folgen. Mit dem Spiel und den Aufgaben und Hinweisen in einem Buch und einem Rucksack voller Material gehen die Gäste auf eine Zeit- und Entdeckungsreise zu acht ausgewählten historischen Stätten. Die Lösung wird immer gemeinsam im Team erarbeitet und fördert somit den Teamgeist sowie den sozialen Zusammenhalt auch beim Kontakt mit der lokalen Bevölkerung.

Explorer Game
über Tourist-Information
Hauptstraße 45
74206 Bad Wimpfen
07063-97200
@ info@badwimpfen.org
www.badwimpfen.de/explorergame

SCHWÄBISCHER APFELKUCHEN

Rezept von Udo Schachtsiek, Friedrich & Feyerabend

MÜRBETEIG
200 g Mehl (Type 405)
1 Messerspitze Backpulver
1 Eigelb
1 EL Milch
etwas Salz
100 g Zucker
100 g kalte Butter
etwas Butter für die Form

FÜLLUNG
1 Handvoll Sultaninen
7 – 10 Äpfel, je nach Größe
(Boskop oder andere Backäpfel)
Zitrone

RAHMGUSS
40 g Mehl
80 g Zucker
Vanille
4 Eier
400 g Sahne

STREUSEL
200 g Mehl
100 g Butter
90 g Zucker
Prise Salz
Vanillezucker

Für den Mürbeteig Mehl auf der Arbeitsfläche aufhäufen, Backpulver hinzugeben. In die Mitte eine Mulde drücken, Eigelb, Milch, Salz und Zucker ergänzen und miteinander vermischen. Butter in Stücke schneiden und darauf verteilen. Alles kneten, bis ein homogener Teig entsteht. Abgedeckt an einem kühlen Ort 30 Min. ruhen lassen.

Die Form mit etwas Butter ausfetten. Den Teig ausrollen und in eine große Springform (ca. 28 cm Durchmesser) legen, den Rand 4 cm hochziehen.

Für die Füllung Sultaninen nach Belieben auf den Teigboden streuen. Äpfel schälen, vierteln, Strunk entfernen. Die Form mit den Apfelvierteln dicht belegen. Zitronensaft darüberträufeln.

Für den Rahmguss alle Zutaten mit einem Schneebesen gut verrühren und auf die Äpfel gießen. Nicht zu voll machen, damit es nicht über den Rand des Teiges läuft.

Für die Streusel Mehl, Butter, Zucker, Salz und Vanille vorsichtig vermischen, zu einem Teig kneten und in kleinen Stücken auf den Kuchen streuen.
Den Kuchen im vorgeheizten Backofen bei 175 Grad 50 Min. backen.

> *»Ob Schwäbischer Apfelkuchen oder Gourmet-Weinmenü – seit über 40 Jahren backe und koche ich für meine Gäste mit großer Begeisterung und Leidenschaft.«*
>
> UDO SCHACHTSIEK

© Udo Schachtsiek

Das Traditionshaus Friedrich & Feyerabend verbindet in einem schönen Fachwerkhaus inmitten der Altstadt von Bad Wimpfen Tradition mit Moderne und gehobene kulinarische Genüsse mit regionaltypisch-bürgerlicher Küche.

Im **Restaurant Friedrich** im ersten Stock des Gebäudes wird internationale gehobene Küche mit korrespondierenden Weinen serviert. Das Interieur ist im edlen Stil der 20er-Jahre gehalten.

Im Erdgeschoss des Hauses, im heimeligen Kaminzimmer, befindet sich die **Weinstube Feyerabend,** wo regionaltypische Gerichte und ein guter Mittagstisch angeboten werden. Hier schließen sich **Konditorei und Café** an, die selbst gebackene Kuchen und Torten mit dem besten Ruf in der ganze Region anbieten.

Das Restaurant wurde für dieses cittaslow-Buch ausgewählt, da es seit vielen Jahrzehnten von der Familie geführt wird und auf lange Erfahrung aufbauen kann. Alle Speisen entstehen in Handarbeit vor Ort, stets frisch und abwechslungsreich.

Das Haus verfügt über eine wunderschöne Lage inmitten der denkmalgeschützten Altstadt von Bad Wimpfen. Der Blick von der Hauptstraße durch die Salzgasse bis zum Blauen Turm ist eine der weitverbreitetsten Ansichten der Stadt und das Gasthausschild quasi ihr Aushängeschild.

© Fotos: Udo Schachtsiek

Restaurant Friedrich
und Café & Weinstube Feyerabend
Udo Schachtsiek
Hauptstraße 74
74206 Bad Wimpfen
07063-245
www.friedrich-feyerabend.de

WALDKIRCH

LEBENS- UND LIEBENSWERT FÜR ALLE

Blick über die Kirchturmspitze von St. Margarethen ins Elztal.

© Stadt Waldkirch

Die erste Stadt in Baden-Württemberg, die in die „Internationale Vereinigung der lebenswerten Städte" aufgenommen wurde, besitzt seit rund 1300 Jahren das Stadtrecht. Ihren Charme hat sie sich über die Jahrhunderte hinweg erhalten und besticht durch ihre idyllische Lage zwischen waldigen Gipfeln und sonnigen Weinbergen.

Eingebettet ins malerische *Elztal,* unweit von Freiburg, bilden Natur, Kultur und bewahrte Tradition einen harmonischen Dreiklang. Das Bewusstsein für Landschaft und Umwelt ist ausgeprägt, der Lebensstil der Menschen achtsam und zugewandt.

Am Fuße des 1241 Meter hohen *Kandels,* des Waldkircher Hausbergs, lässt es sich im Wortsinn gut leben. Als **Tor zum ZweiTälerLand** ist die Schwarzwaldstadt in eine herrliche Natur eingebettet. Waldkirch liegt umgeben von Wald und Wiesen und bietet mit dem **Naturerlebnispark** am *Stadtrainsee* ein ausgewogenes Freizeitangebot, das dem Anspruch eines sanften Tourismus folgt. Boot fahren, Minigolf spielen, ein Besuch im Schwarzwaldzoo und auch des etwas höher gelegenen Baumkronenwegs sind schöne Erlebnisse für alle. Sportbegeisterte können je nach Jahreszeit auf dem Kandel aktiv werden: Mountainbiken, Klettern, Gleitschirmfliegen und Skifahren sind hier möglich.

Kastelburg – ein beliebtes Ausflugsziel bei Jung und Alt.

© Jasmin Seidel

Typischer Genuss

Doch nicht nur in der Natur können Besucher entschleunigen. Die „Slow City" ist bekannt für ihre regionalen Spezialitäten. Bei einem Abstecher in den Stadtteil **Buchholz** kann man den zertifizierten „Weinsüden-Weinort" mit seinen Reben- und Obstgärten und seiner feinen Gastronomie kennenlernen. Bei Genussfestivals und Kulturveranstaltungen laden die Buchholzer Winzer zum Probieren der regionalen Tropfen ein.

Markttag - Erzeuger und Händler der Umgebung geben sich mit den Käufern, Bummlern und Genießern ein Stelldichein.

© Stadt Waldkirch

Hier geht was:
- Elztalmuseum, www.elztalmuseum.de.
- Schwarzwaldzoo, www.schwarzwaldzoo.de.
- Baumkronenweg, www.baumkronenweg-waldkirch.de.
- Schwimmbad 's Bad, www.schwimmbad-waldkirch.de.
- Kastelburg, www.stadt-waldkirch.de.
- Elztalbahn Freiburg i.Br. – Elzach.

Mehr Infos:
Tourist Information Waldkirch
Marktplatz 1 – 5
79183 Waldkirch
07681-19433
www.stadt-waldkirch.de

Waldkirch klingt gut

Der **Orgelbau** blickt hier auf eine über 200-jährige Tradition zurück. Kirchen- und Karussellorgeln, Orchestrien, Drehorgeln und Leierkästen aus Waldkirch werden bis heute international nachgefragt. Einst brachten sie Musik aus dem Schwarzwald in die Tanzsalons und auf die Jahrmärkte auf der ganzen Welt. Vier Meister ihres Fachs betreiben bis heute Werkstätten in der Kandelstadt. Im **Elztalmuseum** ist eine einmalige Sammlung der Instrumente zu sehen und auch zu hören.

Der Baumkronenweg Waldkirch – ein Erlebnis für die ganze Familie.

© Stadt Waldkirch

Alte Handwerkskunst wird in Waldkirch ebenso behutsam kultiviert wie die Natur. Das **Projekt „Essbare Stadt"** fördert biologische Vielfalt und gesunde Ökosysteme. Ein vitales bürgerschaftliches Netzwerk handelt mit dem Ziel, die Stadt grüner zu machen, das soziale Miteinander zu stärken und die Umweltbildung zu fördern. Grundlegender Ansatz ist eine nachhaltige Lebensweise im Einklang mit der Natur.

Entschleunigung am Stadtrainsee.

© Jasmin Seidel

DIE STADT ALS BUFFET

MITMACH-GÄRTEN FÜR ALLE

Offenes Gärtnern, selbst gemachte Naturapotheken und nachhaltiges Klima-Dinner: Waldkirch ist eine **„Essbare Stadt“.** Mit einem kulinarisch und ökologisch facettenreichen Konzept möchte die Essbare Stadt ein Bewusstsein für den dauerhaften Schutz des Planeten schaffen. Ein großer Plan, der am besten im Kleinen gedeihen kann. Dass dies zusammen erreichbar ist, davon ist man hier überzeugt. Die Essbare Stadt versteht sich als Mosaikstein in der weltweiten **Urban-Gardening-Bewegung,** die globales Denken mit lokalem Handeln vereint; der persönliche Kontakt mit der Natur als Auslöser einer wertschätzenden Haltung gegenüber der Welt im Allgemeinen. In den örtlichen Mitmach- und Anschauungsgärten pflegen alle alles. Beim naturnahen Gärtnern im Geiste von **Permakultur,** bei der das System von den einzelnen Pflanzen gesund erhalten und stabilisiert wird, steht das Miteinander im Vordergrund. Küchenkräuter und Beeren können jederzeit genascht werden, Gemüse kann nach Absprache mit dem Team geerntet werden. Ein grünes Projekt für alle Generationen, das Barrieren überwindet und für die fragilen Zusammenhänge in einem von Biodiversität getragenen Ökosystem sensibilisiert.

Konkret ist die Essbare Stadt eine allgemein zugängliche Grünfläche, die von einer lokalen Bürgerinitiative bewirtschaftet wird. Durch sie ist bald ein **Netzwerk** aus weiteren Anbauflächen und Akteuren gewachsen, die sich austauschen und ergänzen. Mit dabei sind Schulen, Kitas und Vereine, Klimaschützer sind ebenso vertreten wie das kommunale Kino und die örtliche Beschäftigungsinitiative. Gemeinsam entstand in einer bunten Stadtgesellschaft ein kollektiver Ansatz für Nachhaltigkeit und natürlichen Genuss. Ein Projekt, das von und mit den Menschen keimt, wächst und blüht.

Mitmach-Garten – nach dem Gärtnern Zeit für Muße und Geselligkeit.

Im Mitmach-Garten: Nachhaltig „runterkommen“ und sinnerfüllt handeln.

11 NACHHALTIGE STÄDTE UND GEMEINDEN

12 NACHHALTIGE/R KONSUM UND PRODUKTION

Bürgerinitiative Essbare Stadt Waldkirch
Kneipp-Verein Waldkirch
Uschi Hollunder
79183 Waldkirch
07681-25912
www.essbare-stadt-waldkirch.de

GESCHMORTE ELZTÄLER RINDERBÄCKLE MIT SPÄTZLE

Rezept von Stefanie Frommherz, Restaurant ANNAs

SCHMORBRATEN
2 kg Rinderbäckle
4 grob gewürfelte Zwiebeln
3 grob gewürfelte Karotten
½ grob gewürfelter Knollensellerie
1 EL Tomatenmark
Rapsöl
450 ml Rotwein
Wasser oder Brühe
1 Sternanis komplett
2 Lorbeerblätter
6 Pimentkörner
6 Wacholderbeeren
Salz
Pfeffer
500 ml Malzbier
100 ml dunkler Balsamico

SPÄTZLE
6 Eier
100 ml Mineralwasser
300 g Spätzlemehl (Typ 405)
Muskat
Salz

OFENGEMÜSE
Rapsöl oder Butter
4 Karotten
4 Pastinaken
1 Hokkaidokürbis
Olivenöl
Kräuter nach Belieben
Salz

Für den Schmorbraten die Rinderbäckle von der Silberhaut befreien, im Topf mit Rapsöl, Zwiebeln, Karotten und Sellerie scharf anbraten. Tomatenmark zugeben und so lange anrösten, bis keine Rottöne mehr sichtbar sind.
Mit 125 ml Rotwein ablöschen und reduzieren. Sobald die komplette Flüssigkeit verkocht ist, nochmals 125 ml Wein zugeben. Nochmals reduzieren lassen.
Mit Wasser oder Brühe auffüllen, bis das Fleisch bedeckt ist.
Sternanis, Lorbeer, Piment, Wacholder, Salz und Pfeffer zugeben und 2 – 2,5 Std. schmoren lassen.

In einem Topf das Malzbier, den restlichen Rotwein und den Balsamico auf 100 ml reduzieren.
Das Fleisch aus der Soße nehmen, diese durch ein Sieb in die Malzbier-Rotwein-Reduktion passieren und nochmals aufkochen.

Für die Spätzle Eier, Muskat, Salz und Wasser mit dem Mehl mit einem Schneebesen zu einem glatten Teig verrühren.
Den Teig durch die Spätzlereibe in kochendes Salzwasser reiben. 5 Min. kochen lassen, Spätzle abschöpfen, abschrecken und in Butter oder Öl goldbraun anbraten.

Für das Ofengemüse Kürbis, Pastinaken und Karotten in Stifte schneiden, mit Öl mischen, salzen und mit den Kräutern auf ein Backblech verteilen. Im Ofen bei 180 Grad ca. 30 Min. garen.

» *Wir möchten ein Bewusstsein für gute Qualität und regionale Erzeugnisse schaffen.*
STEFANIE FROMMHERZ «

© Fotos: Café & Restaurant ANNAs

Im **ANNAs Restaurant & Café** werden überwiegend regionale und saisonale Produkte verarbeitet. Das Team um Inhaberin *Stefanie Frommherz* bietet ein spannendes und frisches Konzept. Die Liebe zum Detail, die Wertigkeit der Produkte und der freundliche Service haben sich in der Region längst herumgesprochen. Ein nachhaltiges Einkaufen und Arbeiten sind wesentliche Säulen des Hauses. Die Produkte sind ausschließlich von höchster Qualität und werden größtenteils direkt von den Erzeugern bezogen. Der kulinarische Anspruch liegt aber auch darin, traditionelle Rezepte vor dem Vergessen zu bewahren.

ANNAs Restaurant & Café
Stefanie Frommherz
Hauptstraße 41
79183 Waldkirch-Kollnau
07681-2092799
www.annas-elztal.de

Bad Schussenried

Im siebten Himmel des Barock

Unvollendete Schönheit: Von der 1752 ursprünglich geplanten Vierflügel-Klosteranlage konnte nur etwa ein Drittel ausgeführt werden, dann musste der Konvent die Bauarbeiten 1763 wegen Überschuldung einstellen. Der spektakuläre, zweigeschossige und lichtdurchflutete Rokoko-Bibliothekssaal mit 30.000 Bänden und einem reichhaltigen Deckenfresko war von den Kürzungen noch nicht betroffen.

© Ingo Rack

Genuss und Lebensfreude spielen eine elementare Rolle in diesem ehemaligen Klosterstädtchen, das sich im Herzen Oberschwabens unweit des Bodensees zwischen sanften Hügeln, Wäldern und Seen in die Naturlandschaft des Alpenvorlands schmiegt.

Im **Kloster Schussenried** erlebt man die Pracht, den Glanz und die Festkultur der Barockzeit, die das Bild des Ortes bis heute prägen. Der atemberaubende Prunkbau beheimatet einen der schönsten Bibliothekssäle Süddeutschlands aus dieser Epoche – eine liebevoll polierte Perle der *Oberschwäbischen Barockstraße,* welche zu den ältesten Kultur- und Ferienstraßen Deutschlands zählt.

Bereits die römisch-katholischen Chorherren des aristokratischen **Prämonstratenserordens** wussten genau, wie sich Ästhetik und Genuss harmonisch in Einklang bringen lassen. Ein Bewusstsein, das im Geiste der cittaslow-Bewegung eine Renaissance erlebt. Die behutsame Sanierung des Stadtkerns mit einem feinen Gespür für den Erhalt des kunstvollen Erbes und die Fortführung traditioneller Werte charakterisieren beispielhaft, wie ganzheitlich Stadtgeschichte und Stadtentwicklung in Bad Schussenried gedacht werden.

Der Schulterschluss von Vergangenheit und Gegenwart gelingt gut. Der Blick zurück verharrt nicht in süßer Nostalgie, sondern öffnet vielfältige Perspektiven auf den Weg nach vorn. Bad Schussenried hat sich für eine **kontrollierte Dynamik** entschieden, die regionale Produkte und nachhaltige Wirtschaftskreisläufe betont und gelebte Tradition mit innovativen Konzepten intelligent verbindet.

Spezialitäten erleben

Eine typische cittaslow-Veranstaltung ist der **Spezialitätenmarkt,** der jedes Jahr im Juni stattfindet. Reges Markttreiben, vielfältige Angebote, Selbsterzeuger aus der Region sowie typisch heimisches Handwerk erwarten die Marktbesucher. Auch die **Schussenrieder Dinnertafel** ist eine Besonderheit von origineller Qualität: Eine 500 m lange Tafel durch die Innenstadt lädt dann zum Schlem-

Die barocke Wallfahrtskirche Unserer Lieben Frau ist zugleich Pfarrkirche von Steinhausen und wird gern als „schönste Dorfkirche" tituliert.

© Ingo Rack

Bitte zu Tisch: Sommerstimmung herrscht bei der Schussenrieder Dinnertafel.

© Ingo Rack

men und Genießen regionaler Produkte ein. Bands unterhalten musikalisch die festliche Meile.

Zu den Erzeugern regionaltypischer Produkte zählt neben der **Ailinger Erlebnismühle,** die hochwertige Mehle ohne künstliche Zusatzstoffe produziert, auch die **Schussenrieder Erlebnisbrauerei.** Sie steht für konsequente Tradition jenseits aller Trends. Seit Generationen werden hier Bierspezialitäten aus den besten Rohstoffen aus der Region gebraut.

Natur blau und grün

Bad Schussenried ist von einer romantischen Seenlandschaft umgeben. Dazu zählen der stadtnahe **Zeller See** mit einer naturbelassenen Badestelle, der **Schwaigfurter Weiher,** der zu einer Fahrt mit dem Tret- oder Ruderboot rund um die Insel mitten im See und anschließender Einkehr in einer schwäbischen Gaststätte einlädt, sowie der **Olzreuter See,** in dem sich im Sommer die Kinder tobend vergnügen.

Ziel für Wanderungen und Radtouren ist das **Naturschutzdenkmal Schussenquelle:** Der Quelltopf der *Schussen* liegt am nördlichsten Punkt der Endmoräne des Rheingletschers aus der letzten Vereisung des Alpenvorlandes vor 22.000 Jahren und auf der Europäischen Hauptwasserscheide zwischen Rhein und Donau. Daher fließt sie Richtung Süden, wo sie nach 59 Kilometern in den Bodensee mündet.

Hier geht was:

- Kloster Schussenried, www.kloster-schussenried.de.
- Wallfahrtskirche Steinhausen, www.se-riss-federbachtal.drs.de.
- Dinnertafel, mit regionalen Produkten, alle 2 Jahre.
- Kulinarischer Spezialitätenmarkt, mit regionalen Angeboten, Ende Juni.
- Magnus-, Heimat- und Kinderfest, September, www.magnusfest.com.
- Bierkrugmuseum Brauerei Ott, www.schussenrieder.de.
- Oberschwäbisches Museumsdorf Kürnbach, www.museumsdorf-kuernbach.de.
- Naturschutzdenkmal Schussenquelle, www.federsee-schussen.de.
- IRE, RE, RB Ulm – Friedrichshafen – Lindau.

Mehr Infos:

Tourist-Information Bad Schussenried
Wilhelm-Schussen-Straße 36
88427 Bad Schussenried
07583-9401175
www.bad-schussenried.de

unten: Wanderung zum Quelltopf der Schussen: Noch ist sie ein gemächlich fließenden Bach.
rechts: An den Kurpark von Bad Schussenried schließt sich der Zeller See mit einer Badestelle an.
© Ingo Rack

VORBILDLICHES ENERGIEMANAGEMENT

EUROPEAN ENERGY AWARD (EEA)

Energieautarke Kläranlage

In Bad Schussenried nahm die Energiewende im Jahr 2009 richtig Fahrt auf: Mit der Verleihung des ersten **European Energy Awards® (EEA)** stieg die oberschwäbische Stadt energietechnisch in die Oberliga auf. 2021 wurde der Ort bereits zum dritten Mal mit dem *Award in Gold* für vorbildliche Resultate in der kommunalen Energiepolitik ausgezeichnet. Nachhaltige Konzepte genießen als Teil einer übergeordneten Strategie für mehr Klimaschutz und saubere Energien einen besonderen Stellenwert.

Dass die Optimierung auch ökonomisch einen großen Mehrwert bedeutet, zeigen die rückläufigen Kosten bei der städtischen Energieversorgung. Innerhalb von elf Jahren wurden jährlich rund 100.000 Euro eingespart. Damit nimmt die Stadt in punkto **Klimaschutz und Energieeffizienz** landesweit nicht nur den Spitzenplatz ein – durch eine weitsichtige Umweltpolitik der Verwaltung wurde zudem wichtiger kommunalpolitischer Spielraum für dringend erforderliche Investitionen geschaffen. Ein konsequenter Kurs auf dem Weg zu einer energie- und klimaneutralen Kommune.

... und Straßenlaternen mit LED-Technik sind Bausteine des vorbildlichen Energiemanagements

© Fotos: Stadtverwaltung

In den vergangenen Jahren wurden Straßenlaternen auf LED-Technik umgerüstet, Schulen energetisch saniert und gasbetriebene Blockheizkraftwerke in Betrieb genommen. Ein Nahwärmenetz wird aus der Abwärme einer Biogasanlage gespeist. Die Dächer städtischer Gebäude sind mit Photovoltaikanlagen von Bürgerenergiegenossenschaften bestückt. Schüler agieren als Junior-Klimaschutzmanager, Unternehmen tauschen in einem Energieeffizienznetzwerk ihre praktischen Erfahrungen aus.

Für die Stadt ist die erneute Auszeichnung mit dem EEA aber nur eine **positive Zwischenbilanz:** Gemeinsames Ziel der lokalen Akteure ist und bleibt die weitere Entwicklung einer lebenswerten, strategisch gut aufgestellten und zukunftsorientierten Gemeinde mit einer innovativen Energie-Infrastruktur zum Wohle der heutigen wie auch der kommenden Generationen.

EEA-Zentrale
European Energy Award (EEA)
Wilhelm-Schussen-Straße 36
88427 Bad Schussenried
07583-9401151
www.bad-schussenried.de
www.european-energy-award.de

REHRAGOUT IN WACHOLDERRAHMSOSSE MIT BREZGENKNÖDEL

Rezept von Bernd Heinzelmann, Landgasthof zur Linde

RAGOUT
1 kg Rehfleisch
100 g Karotten
60 g Sellerie
150 g Zwiebel
80 g Lauch
30 g Tomatenmark
500 ml Rotwein

WACHOLDERRAHMSOSSE
1 Lorbeerblatt
7 Wacholderbeeren
7 Pfefferkörner
1 Nelke
Salz
etwas Zitronenschale
etwas Orangenschale
100 g Sahne
250 g gemischte Pilze
1 – 2 Schalotten
80 g Butter

BREZGENKNÖDEL
80 g Brezeln
15 g Butter
20 g Zwiebelwürfel
20 g Speckwürfel
100 ml Milch
Salz, Pfeffer, Muskat
1 Eigelb
1 Eiweiß

Für das Ragout Fleisch in gleich große Stücke schneiden, anbraten und würzen. Das geschnittene Wurzelgemüse dazugeben und mitrösten.
Die Zwiebelwürfel und den Lauch dazugeben und ebenfalls gleichmäßig anrösten. Mit Tomatenmark aromatisieren und unter ständigem Rühren anschwitzen.
Mit Rotwein ablöschen und erneut anschwitzen, bis eine goldbraune Färbung entsteht.

Für die Wacholderrahmsoße die Gewürze sowie den Abrieb von Zitrone und Orange dazugeben und mit Wildfond oder Wasser auffüllen, bis das Fleisch vollständig bedeckt ist. Das Fleisch bei geschlossenem Topf auf kleiner Hitze schmoren. Den Fond reduzieren und mit Stärke binden.
Danach abschmecken und mit etwas Sahne verfeinern.
Die Pilze (z.B. Austernpilze, Steinpilze, braune oder weiße Champignons) putzen und in Butter mit feingeschnittenen Schalotten anschwitzen, danach mit Salz und Pfeffer würzen.

Für die Brezgenknödel die Brezeln in 1 cm große Würfel schneiden.
Butter in einer Pfanne erhitzen. Zwiebel- und Speckwürfel darin anschwitzen.
Milch im Topf zum Kochen bringen. Die heiße Milch mit Salz, Pfeffer und Muskat würzen und über die Brezelwürfel geben. Ebenso die Zwiebel-Speck-Masse. Gut mischen und kurz einweichen lassen.
Eigelb verquirlen und auf die Brezelmasse geben.
Eiweiß steif schlagen und unterheben.

Rollen 5 – 6 cm Ø formen und auf hitzebeständige Frischhaltefolie geben. Fest einrollen und an den Enden wie eine Wurst abbinden. In leicht siedendes Wasser legen und in 30 – 40 Min. gar ziehen lassen.
Danach in Scheiben schneiden und in einer Pfanne anbraten.

Das mit ca. 450 Einwohnern doch recht kleine Steinhausen trumpft mit gleich zwei Anziehungspunkten auf. Zum einen mit der kunsthistorisch wichtigen Wallfahrtskirche, die 1727 nach Plänen des Barockbaumeisters Dominikus Zimmermann erbaut wurde. Zum anderen mit dem Landgasthof zur Linde, der der „schönsten Dorfkirche der Welt“ direkt gegenüber liegt und feinste schwäbische Küche bietet.

Der **Landgasthof zur Linde** zählt zu den ältesten Wirtshäusern Oberschwabens. 1609 wurde er vom damaligen Prämonstratenserkloster am Jakobspilgerweg erbaut. Seit 1889 befindet es sich im Besitz der *Familie Heinzelmann.*

Heute heißt der Küchenchef **Bernd Heinzelmann** – und er verwöhnt seine Gäste mit original schwäbischer Küche auf hohem Niveau. Im Mittelpunkt stehen saisonale Gerichte, zubereitet ausschließlich mit frischen Zutaten aus kontrolliertem Bio-Anbau aus der Umgebung.

Bekannt ist der Landgasthof zur Linde für sein **kulinarisches Jahresprogramm:** So startet das Jahr mit Variationen von Fischen aus der Region, gefolgt von den bekannten Gourmetwochen mit Kreationen für Feinschmecker. Zur Osterzeit gibt es Feines vom Lamm, im Mai/Juni typische und ausgefallene Spargelgerichte und in den Sommermonaten sind Steak- und Pfifferlingswochen dran. Im Oktober, wenn Wild aus den heimischen Wäldern auf der Karte steht, füllen sich die großen, gemütlichen Stuben und der Saal. Für die beliebten Martini-Gans-Wochen im November gilt es endgültig, frühzeitig zu reservieren.

Landgasthof zur Linde
Familie Heinzelmann
Ingoldinger Straße 2
88427 Bad Schussenried-Steinhausen
07583-2381
www.zur-linde-steinhausen.de

» *Wir beziehen unsere Lebensmittel überwiegend von lokalen Lieferanten, um regionale Kreisläufe zu unterstützen.* «
BERND HEINZELMANN

BISCHOFSHEIM I.D. RHÖN

GASTLICHKEIT MIT HOCHGENUSS

Rhöner Natur und Geschichte: Malerische Burgruine Osterburg und Blick auf den Kreuzberg, dem „Heiligen Berg der Franken".

„Daheim schmeckt's am besten!" In Bischofsheim steht das außer Frage. Als einer von hundert offiziellen „Genussorten" in Bayern spielen in dem unterfränkischen Ort kulinarische Spezialitäten eine besondere Rolle: Kreuzberger Klosterbier, regionale Backwaren, Rhöner Brände sowie heimische Fleisch- und Wurstspezialitäten werden von etlichen Direktvermarktern angeboten und sind auch in der lokalen Gastronomie die schmackhaften Hauptdarsteller.

Genussorientierte Naturliebhaber finden inmitten des **UNESCO-Biosphärenreservats Rhön** ein malerisch gelegenes Mittelalter-Städtchen, dessen historischer Ortskern von einem *fränkischen Rundling* – einer besonderen Form der Stadtmauer – umgeben ist. Das Bewahren von **Traditionen** wird hier groß geschrieben: Man pflegt historische Trachten, zünftige Feste und heimatliche Märkte, die das ganze Jahr über viele Besucher anziehen. Das traditionelle Handwerk kann man in den vielen kleinen **Holzbildhauerwerkstätten** live und hautnah erleben. In Bischofsheim gehört diese Kunst zur lokalen Identität und ist noch immer sehr lebendig. Die Ausbildung an der Berufsfachschule – 1852 als „Holzschnitzschule" gegründet – genießt weit über die Region hinaus einen erstklassigen Ruf. Heute umfasst die Lehre alte Techniken ebenso wie aktuelle Formensprachen.

Feriensiedlung Haselbach mit Panoramablick.

Holzschnitzen – Handwerk und Kunst zugleich.

Blick auf die historische Altstadt mit fränkischen Holzschindelhäusern.

Pilgern mit Panorama

Eines der Wahrzeichen der Bayerischen Rhön ist der **Wallfahrtsort Kreuzberg,** der von den Einheimischen auch „Heiliger Berg der Franken" genannt wird. Seit dem frühen Mittelalter ziehen die Menschen den Berg hinauf, um die entspannende Ruhe und den wunderschönen Panoramablick über die Altstadt zu genießen – natürlich bei einem Schluck des urigen Bieres der Franziskaner in der gemütlichen **Klostergaststätte,** das dort seit 1731 gebraut wird. Ein unfiltrierter Genuss mit Hallertauer Hopfen und Wasser vulkanischen Ursprungs aus eigener Quelle. „Glauben und Genießen" lautet die Philosophie an diesem spirituellen Ort, an dem man gern die Zeit vergisst.

Die **Naturlandschaft** rund um Bischofsheim motiviert zu weiteren Aktivitäten. Outdoor-Sportler finden hier einen idealen Ausgangspunkt zu jeder Jahreszeit. Die Skigebiete an *Kreuzberg* und *Arnsberg* bieten lange Abfahrten. Auch Gleitschirm- und Drachenflieger haben den mit 928 m dritthöchsten Berg der Rhön längst für sich entdeckt. Trotz seiner vielen Gäste versteht sich Bischofsheim als einheitlichen Genuss- und Lebensraum, der für einen sorgsamen Umgang mit Tradition und Natur sowie nachhaltige Entwicklung von Wohnen und Wirtschaft steht.

Hier geht was:

- Wahrzeichen „Zentturm".
- Osterburg-Ruine, https://burgruine-osterburg.de.
- Kloster Kreuzberg, https://kloster-kreuzberg.de.
- Braunkohlestollen am Rothsee.
- Staatliche Berufsfachschule für Holzbildhauer, www.skulpturenschule-bischofsheim.de.
- www.100genussorte.bayern.
- Böschemer Fastnacht, https://maumer.de/maumer.
- Alljährliches Stadtfest und kulinarische Aktionswochen passend zur Saison.
- Altstadtrundgang mit historischer Stadtmauer.
- Outdoorparadies mit ausgebautem Radnetz, Premium-Wanderwegen und Flugsport.
- Mountainbike-Zentrum und Flowtrail, https://flowtrail-kreuzberg.com.
- Nächste Bhf Gersfeld und Bad Neustadt a.d. Saale.

Rhöner Gastlichkeit: Willkommen im Biergarten.

Mehr Infos:

Touristinformation Bischofsheim i.d.Rhön
Kirchplatz 7
97653 Bischofsheim i.d.Rhön
09772-910151
www.bischofsheim.info

links: Kulturdenkmal aus dem 18. Jahrhundert – aus der leerstehenden Braunsmühle wurde ein Gastronomiebetrieb mit Übernachtungsmöglichkeit. Bemerkenswert ist die Schutzengelgruppe an der Giebelseite.

rechts: In der Braunsmühle können Sie beim Speisen dem sich wieder drehenden Mühlrad zuschauen.

NEUES LEBEN FÜR ALTES DENKMAL

UMNUTZUNG DER GEWERBEBRACHE BRAUNSMÜHLE

Aus einer betagten Gewerbebrache wurde ein gehobener Gastronomiebetrieb: Die **Sanierung der Braunsmühle** ist ein Vorzeigeprojekt mit Strahlkraft auf die gesamte Umgebung – und ein Paradebeispiel für eine nachhaltige und regionalverträgliche Quartiersentwicklung. „Der besondere Reiz lag darin, einem Baudenkmal mit sehr schlechter Bausubstanz neues Leben einzuhauchen und so die Geschichte des Gebäudes zu erhalten", betont Erster Bürgermeister *Georg Seiffert*. Durch die liebevolle Revitalisierung wird aber auch an die Menschen erinnert, die in der alten Mühle einst gearbeitet haben. Denn sie ist auch ein Teil der lokalen Biografie und mit der Schutzengelgruppe aus dem 18. Jahrhundert ein Identifikationspunkt der Gemeinde.

In diesem Projekt hat die Stadt mehrere cittaslow-Ziele vereint: Regionalität und Traditionspflege, Stadtgeschichte und Nachhaltigkeit, Gastfreundschaft und Bewusstseinsbildung. Durch den Erhalt eines wertvollen **Kulturdenkmals** aus dem 18. Jahrhundert nach handwerklich hohen Vorgaben hat die Stadt bereits mehrere Eigentümer dazu motiviert, private Sanierungsmaßnahmen im gleichen Geist durchzuführen. Damit wird die lokale Wohnqualität gesteigert und die Sensibilität für die Konservierung des historisch gewachsenen Stadtbilds geschärft.

An dem prominenten Standort mitten im bunt gemischten *Färberviertel* wird zudem **altes Handwerk lebendig:** Ein ortsansässiger Bäckermeister präsentiert Gästen nicht nur gern die reaktivierte Mühlentechnik samt Mühlrad – er hat sogar eine Rezeptur für ein spezielles **„Mühlengold"-Brot** aus heimischem Biokorn-Schrot entwickelt. Auf diese Weise wird Stadtgeschichte in Bischofsheim buchstäblich schmeckbar.

11 NACHHALTIGE STÄDTE UND GEMEINDEN

12 NACHHALTIGE/R KONSUM UND PRODUKTION

Restaurant-Hotel Braunsmühle
Familie Mirring
Färberzwinger 4
97653 Bischofsheim i.d.Rhön
09772-9326648
braunsmuehle-mirring.de

LAMMHAXE UND SPATZENKLÖSSE

Rezept von Claus Dickas, Gasthaus Dickas

FOND

500 g Rhönschafknochen
2 mittelgroße Zwiebeln
150 g Sellerie
100 g Tomatenmark
¼ l fränkischer Rotwein
2 l Knochenbrühe

Für den Fond die Knochen mit etwas Öl bei 220 Grad im Ofen rösten, bis sie braun sind.
Zwiebeln und Sellerie klein würfeln und mitschmoren. Mit Tomatenmark bei 150 Grad etwa 20 Min. rösten.
Knochen mit Rotwein ablöschen und einreduzieren. Die Brühe auffüllen und bei leichter Hitze 30 Min. mit frischen Kräutern kochen, danach passieren.

LAMMHAXE

4 Lammhaxen vom Rhönschaf
200 g Lauch
1 Karotte
100 g Sellerie
1 EL Tomatenmark
500 ml Apfelwein
1,5 l Lammfond
20 g Thymian
Salz und Pfeffer

Für die Lammhaxe diese mit Salz und Pfeffer würzen, von allen Seiten gut anbraten.
Danach aus der Pfanne nehmen und das gewürfelte Gemüse (Lauch, Sellerie, Karotten) kurz anbraten. Tomatenmark, Thymian und Knoblauch hinzugeben und kurz anrösten. Dann mit Apfelwein ablöschen und alles einreduzieren. Die Lammhaxen hinzugeben, mit 1,5 l Fond auffüllen. Kräuter zugeben und 1,5 Std. schmoren. Danach mit 500 ml Fond auffüllen.

SPATZENKLÖSSE

5 altbackene Brötchen
5 Eier
500 ml Milch
250 g Biomehl
50 g Brotwürfel

Für die Klöße Brötchen in Scheiben schneiden, mit heißer Milch übergießen und kurz ziehen lassen. Eier und Mehl einarbeiten. Geröstete Brotwürfel in Masse geben und vorsichtig unterarbeiten. Spatzen mit Löffel abstechen und in kochendem Wasser ca. 15 Min. ziehen lassen.

» *Wir sind glücklich, wenn die Gäste glücklich sind.* «
CLAUS DICKAS

Im Gasthaus Dickas am Fuße des Kreuzbergs kommen nur Rhöner Spezialitäten auf den Teller – und ins Glas. Bereits seit 1886 liegt das Brennrecht in der Familie von Claus Vorndran, dem die Gäste beim Brennen des Hochprozentigen sogar zusehen können.

© Stadt Bischofsheim i. d. Rhön

© Stadt Bischofsheim i. d. Rhön

„Aus der Rhön schmeckt's besser!" Dieses Motto zeugt davon, dass Regionalität im **Gasthaus Dickas** großgeschrieben wird. Gelegen am Fuße des Kreuzbergs, setzt man hier auf heimische Zutaten und kurze Wege in der Produktkette. Ein besonderer Genuss ist das typische Rhönschaf (mit dem schwarzen Kopf), aber auch Spezialitäten wie Rhöner Weideochse und fangfrische Rhönforelle werden perfekt und pfiffig zubereitet. Schmecken lassen es sich die Gäste in der gemütlichen Gaststube oder im rustikalen Biergarten unter den alten Obstbäumen.
Eine Besonderheit sind die Brände von *Claus Vorndran*, die er in einer **Schaubrennerei** herstellt. Die Palette reicht von Korn- und Obstbränden über Liköre aus heimischen Kräutern bis zu Kreationen aus Brennnesseln sowie dem Rhöner Kartoffelschnaps. Wie gut, dass das Gasthaus Dickas auch drei gemütliche Doppel- und ein Einzelzimmer anbietet!

Gasthaus Brennerei Pension Dickas
Claudia & Claus Vorndran
Josefstraße 7
97653 Bischofsheim i.d.Rhön
09772-456
www.rhoener-schaubrennerei.de

WIRSBERG

... KLEIN, ABER FEIN

Man sieht förmlich die gute Luft: Der Luftkurort Wirsberg liegt eingebettet in den Naturpark Frankenwald.

Eine ganze Marktgemeinde als wertvolles Kulturgut: Wirsberg ist mit seinen 1900 Einwohnern das kleinste Mitglied in der deutschen cittaslow-Familie. Doch in punkto Individualität, Nachhaltigkeit und Regionalität gehört die Gemeinde im wild-romantischen Naturpark Frankenwald zu den ganz Großen.

Typisch für den **Markt und Luftkurort** ist die ausgewogene Kombination aus wirtschaftlicher Geschäftigkeit und natürlicher Idylle, aus Qualität und Originalität.
Mit einem maßgeschneiderten ökologischen Konzept zur Stadtentwicklung fiel der Startschuss für einen bewussten und ganzheitlich orientierten Kurs nach vorn, ohne den Blick auf das Erbe zu vernachlässigen. In Wirsberg setzt man auf die **Pflege alten Brauchtums** für eine hohe Lebensqualität in der Gegenwart. Eine gut ausgebaute Infrastruktur mit einem abwechslungsreichen **Freizeitangebot,** einem ausgedehnten Rad- und Wanderwegenetz sowie einer niveauvollen **Gastronomie** prägen den landschaftlich reizvoll, nur 20 km von Bayreuth entfernt gelegenen Ort, der nicht zufällig zur **„Genussregion Oberfranken“** gehört: Vier-Sterne-Hotels und hochklassige Restaurants setzen ebenso auf regionaltypische Spezialitäten wie die gemütlichen Gasthöfe und charakteristischen Dorfläden, die zum Wirsberger Ortsbild gehören. In der Region gibt es – so sagt man – pro Kopf die meisten Backstuben, Konditoreien, Metzgereien und Brauereien auf der Welt.
Der bekannteste Botschafter der lokalen Küche ist der Fernseh- und Sternekoch **Alexander Herrmann,** der in einer Hotelierfamilie in Wirsberg aufgewachsen ist. Das *Restaurant AURA by Alexander Herrmann & Tobias Bätz* im Posthotel am Marktplatz steht für eine raffinierte und kreative Gourmetküche mit Fokus auf regionale Lebensmittel. Seit 2019 leuchten zwei Sterne vom *Guide Michelin* über dem Dach.
Landschaftliche Weite und beredte Stille zeichnen diesen besonderen Ort aus, der vom denkmalgeschützten **Marktplatz** mit dem schmucken Fachwerkrathaus sowie der historischen Brücke über das Flüsschen *Schorgast* und der Markgrafenkirche *St. Johannis* im Zentrum geprägt ist. Neben einer lebendigen Vereinskultur laden das ganze Jahr über etliche Feste und Märkte zum Entdecken und Genießen ein. Als **„Hochzeitsdorf im Grünen“** ist Wirsberg seit 1983 bei Brautpaaren weithin bekannt.

Mehr Infos:
Gäste-Information Wirsberg
Sessenreuther Straße 2
95339 Wirsberg
09227-93220
www.wirsberg.de

Hier geht was:
- Markgrafenkirche St. Johannis, www.e-kirche.de.
- Ruine Heilingskirche, www.wirsberg.de.
- Heimat des Fernseh- und Sternekochs Alexander Herrmann, www.alexander-herrmann.de.
- Deutsches Dampflokomotiv-museum, www.dampflok-museum.de.
- RE, RB Bamberg – Neuenmarkt-Wirsberg – Hof/Bayreuth.

Durch das Wirsberger Kosertal führen schöne Wanderwege und ein Naturlehrpfad. © Wirsberg

oben: Die mittelalterliche Ruine Heilingskirche ist eine denkmalgeschützte ehemalige Wallfahrtskirche und von Sagen umrankt.

unten: Erklärtafeln auf dem neuen Lehrpfad zeigen, was im Blühwald wächst, singt und krabbelt.

PARADIES FÜR INSEKTEN

BLÜHWALD – REGIONALE BAUMARTENEIGNUNG

Wie aus einem trostlosen Hang ein bunt-blühender Wald werden kann? In Wirsberg ist genau das erfolgreich gelungen! Wo am *Eifinger Berg* ein abgestorbener Fichtenbestand eingeschlagen werden musste, blüht heute ein **artenreiches Paradies** für Insekten, Bienen und Vögel. Auf rund 11.000 Quadratmetern Fläche wachsen u.a. Esskastanien, Wildbirnen, Elsbeeren und Feldahorn. Eine Bühne der Biodiversität, aber auch ein aufschlussreiches Territorium für kommunale und Privatwaldbesitzer. Denn im Kontext des Klimawandels ist es perspektivisch wichtig, neue Erkenntnisse über das Stressmanagement von Baumarten zu gewinnen: Wie gehen diese mit längerer Hitze und Trockenheit um? Können sie extreme Bedingungen aushalten? Und ist der lokale Boden für sie überhaupt geeignet?

Begleitet wird das Projekt vom *Forstamt Stadtsteinach* sowie auf wissenschaftlicher Ebene vom *Ökologisch-Botanischen Garten* der *Univesität Bayreuth*. Über den reinen Waldbau hinaus sollen auf der Fläche weitere Erhebungen im Bereich des Naturschutzes durchgeführt werden. Alle Prüf- und Messergebnisse werden in einem Datenpool erfasst und einem Expertenkreis auf nationaler wie internationaler Ebene zur Verfügung stehen. Finanziert wurde das Projekt mit Mitteln aus Ausgleichszahlungen für gebaute Windkraftanlagen.

Inspektion des Blühwaldes durch Vertreter der Politik und Verwaltung.
© Wirsberg

Neuer Lehrpfad

Über den biologischen und waldpädagogischen Schwerpunkt mit Bezug zur Nachhaltigkeit hinaus öffnen sich hier auch Perspektiven der Umweltbildung und des Tourismus. Als **„Lehr-Wald“** wird der Forst für Schulen, Kitas und Familien mit Kindern nicht nur die verschiedenen Baumarten, sondern auch die spezifischen Wachstumsstadien vor Augen führen. Hinzu kommt eine gewachsene Nachfrage nach Urlaubsangeboten in ländlichen und waldreichen Räumen. Der Wirsberger Blühwald wirkt damit in vielen Bereichen wortwörtlich nachhaltig.

Blühwald – Regionale Baumarteneignung
Standort des Blühwaldes: Ortsausgang von Wirsberg, Richtung Neufang
Gemeindeverwaltung Wirsberg
95339 Wirsberg
09227-9320
www.wirsberg.de

11 NACHHALTIGE STÄDTE UND GEMEINDEN

12 NACHHALTIGE/R KONSUM UND PRODUKTION

13 MASSNAHMEN ZUM KLIMASCHUTZ

Lachsforelle in Nussbutter pochiert

Rezept von Tobias Bätz, Restaurant AURA by Alexander Herrmann & Tobias Bätz

Forellen

720 g Lachsforellenfilets
200 g Butter
4 Zweige Estragon
Meersalz

Schalottenspinat

2 – 4 Schalotten
400 g Babyspinat
2 EL Butter
Salz
Muskatnuss

Vinaigrette

100 ml Wasser
2 – 4 g Xanthan (Verdickungsmittel)
6 Zitronen (Saft)
2 Zitronen (Abrieb)
2 TL Ingwer gerieben
1 Schuss weißer Balsamessig
250 ml Gemüsebrühe
140 ml Zitronenlimonade
60 ml Orangensaft
Zucker
Salz

» *Spitzengastronomie muss das Leben spüren, die Sehnsucht der Gäste verstehen und sie glücklich machen.* «
Tobias Bätz

Für die Forellen Butter in einem kleinen Topf bei mittlerer Hitze auf dem Herd so lange aufschäumen, bis sie anfängt zu bräunen (Nussbutter). Dann direkt aus dem Topf in eine Schüssel umfüllen.
Einen flachen, feuerfesten Teller dünn mit Nussbutter ausstreichen, die Lachsforelle in 4 gleich große Stücke portionieren und nebeneinander auf den Teller legen, ringsum großzügig mit der restlichen Butter bestreichen.
Die Estragonblättchen darauf verteilen und mit Frischhaltefolie straff abdecken.
Auf der mittleren Schiene des auf max. 80 Grad Umluft vorgeheizten Backofens 10 – 15 Min. glasig garen (evtl. separates Backofenthermometer verwenden, die Folie darf nicht heißer werden). Vor dem Anrichten mit Meersalz bestreuen.

Für den Schalottenspinat Schalotten schälen, in feine Würfel schneiden und mit ein wenig Butter in einer großen Pfanne anschwitzen. Den geputzten Spinat zugeben, durchschwenken und mit Salz und frisch geriebener Muskatnuss abschmecken.

Für die Vinaigrette das Xanthan mit kaltem Wasser in einem kleinen Mixbecher mit einem Pürierstab aufmixen, bis es eine gallertartige, klare und gebundene Konsistenz hat. Alle anderen Zutaten bei Zimmertemperatur in einer Sauteuse bzw. einem kleinen Stieltopf miteinander vermengen, mit Salz und Zucker abschmecken, das gemixte Xanthan mit einem Schneebesen unterrühren und die Vinaigrette somit leicht binden. Vor dem Servieren die Vinaigrette auf dem Herd erhitzen, aber nicht kochen lassen.

MANDELSCHMELZE
60 g Mandelstifte
60 g Mandelblättchen
60 g Weizenpops
60 g Panko (Paniermehl)
300 g Butter
1 gute Prise Raz el Hanout
Salz
schwarzer Pfeffer

Die Mandelstifte, Mandelblättchen und Weizenpops in einer Auflaufform im vorgeheizten Backofen bei 160 Grad Umluft ca. 10 Min. hellbraun rösten. Die Butter in einem flachen Topf aufschäumen lassen, das Panko zugeben und hellbraun rösten. Dann Weizen und Mandeln unterrühren und weiterrösten, bis die Butter aufhört zu schäumen und alles hellbraun geröstet ist. Anschließend rasch in ein kühles Gefäß umfüllen und mit den Gewürzen sowie einer Prise Salz abschmecken.

Die Lachsforellen auf dem Spinat anrichten, mit der warmen Zitronenvinaigrette übergießen und mit der Mandelschmelze bestreuen.

Das Gourmet-Restaurant AURA by Alexander Hermann & Tobias Bätz bietet innovative Küche auf 2-Sterne-Niveau.

Der bekannte TV-Koch serviert täglich zwei Menüs sowie das besondere „Signature Dish" des Hauses. Das Menü „Grenzenlose Heimat" spielt virtuos mit der Herkunft der Zutaten und visuellen Reizen. Im Bistro **„oma & enkel"** stehen fränkische Klassiker im Scheinwerferlicht: puristisch und modern interpretiert, immer authentisch und frisch aus der Region. Die Kreationen des Restaurantchefs beruht auf vermeintlicher Gegensätzlichkeit, die auf einem neuen kreativen Niveau spannende Geschmackserlebnisse bietet.

Posthotel Alexander Herrmann
Marktplatz 11
95339 Wirsberg
09227-2080
www.herrmanns-posthotel.de

HERSBRUCK

VORREITER IN MITTELFRANKEN

Markante Felsformationen in der Hersbrucker Schweiz bieten Wanderern großartige Ausblicke auf Täler und sanfte Hügel, hier mit Blick auf den Stausee.

© Thomas Geiger

Die erste deutsche cittaslow – und die erste außerhalb der Wiege in Italien. Hersbruck gehört zu den Pionieren der Bewegung im Zeichen der Weinbergschnecke. Die mittelfränkische Stadt und „ihre Schweiz" haben sich als Botschafterin für Regionalität, Nachhaltigkeit und Lebensqualität auf den Weg gemacht, um Traditionen zu bewahren und mit einem weltoffenen Geist voller Vorfreude in die Zukunft zu blicken.

Der mittelalterlich geprägte Ort in der *Hersbrucker Schweiz* ist eine lebendige Bühne für Einheimische, die das örtliche Leben gestalten. Die Verbundenheit unter den Menschen ist spürbar. Kulturelles und kommunikatives Zentrum ist die **Altstadt** mit ihren drei Stadttoren. Den Übergang vom *Oberen* zum *Unteren Markt* markiert das schmucke **Rathaus** mit seinem hoch aufragenden Turm. Auf seiner schmalen Brüstung sind am Wochenende die Turmbläser zu hören.

Es ist diese familiäre Atmosphäre, die jedes Jahr im August renommierte Künstler und Musikbegeisterte aus der ganzen Welt anlockt. Eine Woche lang steht das **Internationale Gitarrenfestival** mit seinen Konzerten und seinen Meisterkursen im Fokus.

Wasser zieht Menschen schon immer magisch an. In mehreren Armen mäandert die *Pegnitz* durch den Ort und prägt das Stadtbild. In Hersbruck ist aber auch die Kultur immer im Fluss. Und das buchstäblich: Künstler nutzen das Wasser als außergewöhnliche **Freiluft-Galerie** für ihre Arbeiten.

Fünf enge **Täler** vereinen sich in Hersbrucks Umgebung. In der kleingliedrigen Landschaft wechseln sich schroffe Felsen mit Wiesen und luftigen Wäldern ab. Genau das Richtige für Wanderer, Kletterer, Mountainbiker oder Fahrradfahrer.

Im 16. Jahrhundert Sitz des Pflegamtes der Reichsstadt Nürnberg, beherbergt das Hersbrucker Schloss heute das Amtsgericht.

© Fotos: Thomas Geiger

Von Klassik über Jazz bis zu Flamenco – das Internationale Gitarrenfestival lockt jedes Jahr hochkarätige Künstler nach Hersbruck.

Hutanger – Perlen der Landschaft

„Hut“ = hüten, „Anger“ althochdeutsch = wildgrünes Grasland. Zu den kulturlandschaftlichen Höhepunkten gehören die **Hutanger** in der Hersbrucker Schweiz. Früher trieb der Hirte die Rinder der Dorfgemeinschaft auf diese „ewigen Weiden“. Heute sind diese an mächtigen Eichenbeständen, alten Obstbaumstrukturen oder an duftendem Magerrasen zu erkennen. Zeugnisse der Hirtenkultur sind im **Deutschen Hirtenmuseum** zu sehen.

Hutanger: Langjährige biologische Untersuchungen zeigen, dass eine Beweidung die Artenvielfalt fördert.

© Fotos: Thomas Geiger

Mehr Infos:
Touristinformation Hersbruck
Unterer Markt 2
91217 Hersbruck
09151-735401
www.hersbruck.de

Hier geht was:
- Spitalkirche, Stadtmauer mit Tortürmen, Schloss, www.hersbruck.de.
- Stadtkirche Hersbruck, www.hersbruck-stadtkirche.de.
- Altstadtfest mit Eselrennen, www.altstadtfest-hersbruck.de, www.fch-eselrennen.de.
- Kunstmuseum, www.kunstmuseum-hersbruck.de.
- Deutsches Hirtenmuseum, deutsches-hirtenmuseum.de.
- KICK, Kleinkunst im Citykino, www.kultkick.de.
- Internationales Gitarrenfestival, www.gitarre-hersbruck.de.
- Heimat aufm Teller, www.heimat-aufm-teller.de.
- Miniköche lernen von den Profis, www.minikoeche.eu.
- Fackelmann Therme, www.fackelmanntherme.de.
- DAV-Kletterzentrum, www.raiffeisenbank-kletterwelt.de.
- Mitmachimkerei, www.imkerverein-hersbruck.de.
- Hutangerprojekt, hutanger.de.
- Bhf rechts der Pegnitz Pendolino RE30 Nürnberg – Neuhaus (Pegnitz), RE Nürnberg – Schwandorf, RE, RB Nürnberg – Bayreuth/ Marktredwitz – Cheb bzw. Hof, Nürnberg – Simmelsdorf-Hüttenbach/Pegnitz.
- Bhf links der Pegnitz RE, RB, S1 Hartmannshof – Nürnberg – Bamberg.

Idylle im Abendlicht: Bienenkörbe auf der Streuobstwiese im Stadtteil Ellenbach. Dort gibt es auch die „Mitmachimkerei“.

WEITBLICK FÜRS KLIMA

NATURENERGIE

Seit mehr als zwei Jahrzehnten zählt die Stadt Hersbruck zu den Vorreitern beim Ausbau von alternativen Energien. Durch gebündelte Kompetenzen und innovative Konzepte wurden **beispielhafte Kooperationen** auf den Weg gebracht, die unterwegs eine beachtliche Dynamik und neue Zukunftsperspektiven entwickelt haben: Der städtische Energieversorger *HEWA* hat gemeinsam mit den mehr als 80 Forstbetrieben unter dem Dach der *Naturenergie GmbH & Co. KG* ein modernes **Fernwärmenetz** aufgebaut. Aktuell werden in der über einen Kilometer langen Versorgungsleitung jährlich mehr als 7,5 Millionen Kilowattstunden regenerativ erzeugter Energie geliefert. Ein Ausbau dieser CO_2-neutralen Wärmeversorgung ist in Vorbereitung.

Alles begann 2003 mit dem Bau der *Frankenalb-Therme* (heute: Fackelmann Therme), die seit 2004 von der *Forstbetriebsgemeinschaft Nürnberger Land* (FBG Nürnberger Land) mit Wärmeenergie aus heimischem Waldrestholz versorgt wird. Zur Nutzung des regenerativen Energieträgers wurde eigens ein modernes Heizwerk für Holzhackschnitzel errichtet – mit der Naturenergie GmbH als Betreiber. Seit 2014 ist die HEWA für die Anschlüsse ans Wärmenetz verantwortlich. Auslöser der Erweiterung war die vom Landkreis forcierte Umstellung der Wärmeversorgung des örtlichen Gymnasiums von Gas auf Fernwärme. Eine Entscheidung, die auch die Energiefrage beim Neubau einer Hautklinik beantwortet und in weiteren innovativen Projekten ihre Fortsetzung gefunden hat.

Der Radlader transportiert Hackschnitzel ins Heizwerk und sorgt für Nachschub.

© Thomas Geiger

„Das Projekt zeigt, dass die Vernetzung lokaler Partner mit einer transparenten Aufgabenverteilung funktionieren kann“, sagt *Richard Sperber.* Für den Vorsitzenden der FBG ist die Nutzung heimischer Rohstoffe und eine CO_2-neutrale Wärmeerzeugung das beste Beispiel für ein klimaneutrales Wirtschaften und eine erfolgreiche Wertschöpfung vor Ort. Durch die Energiekrise hat das nachhaltige Kooperationsmodell einen zusätzlichen Schub erhalten: Die Verdichtung des Netzes soll die Umsetzung der Klimaziele weiter beschleunigen.

Naturenergie Hersbruck GmbH & Co. KG
Amberger Straße 145
91217 Hersbruck
09443-929100
naturenergie-hersbruck.de

FRÄNKISCHES SCHÄUFELE

Rezept von Michael Bauer, Gasthof Restaurant Café Bauer

500 g Schweineknochen
4 Schäufele à 400 – 500 g (mit Knochen und Schwarte, aus der Schweineschulter)
Salz, Pfeffer
2 Karotten
1 kleine Knolle Sellerie
1 Bund Staudensellerie
2 rote Zwiebeln
2 weiße Zwiebeln
Kümmel, gemahlen
Majoran frisch oder gerebelt
2 Zehen frischer Knoblauch
1 EL Tomatenmark
1 TL Paprikapulver

Die Knochen in einen Bräter geben und bei 140 Grad (Umluft) im Backofen für 30 Min. rösten. In der Zwischenzeit die Schwarte der Schäufele diagonal in Rauten mit einem scharfen Messer einritzen, mit Salz und Pfeffer würzen, in einer Pfanne scharf anbraten und beiseite stellen.

Gemüse waschen, schälen und würfeln.
Die Gemüseschalen mit Kümmel, Majoran und Knoblauch in einem Topf mit kaltem Wasser aufkochen und ziehen lassen.
Das gewürfelte Gemüse in einem Topf stark anrösten, Tomatenmark, Paprika, Muskat, Salz und Pfeffer hinzugeben. Nach und nach mit Bier aufgießen und einköcheln lassen.
Die Gemüseschalen aus dem Topf nehmen, den Gemüsefond auf das Röstgemüse geben und nochmals 10 Min. kochen.

Bräter mit Knochen aus dem Ofen holen und kurz abkühlen lassen. Den Soßenansatz (Gemüse) auf die Knochen gießen.
Die Schäufele auf den Bratenansatz setzen (Schwarte nach oben) und 90 Min. bei 140 Grad in der Röhre langsam garen lassen. Danach Temperatur auf Oberhitze umstellen und bei 170 Grad weitere 30 Min. schmoren, bis sich das Fleisch vom Knochen löst.

Dazu passen fränkische *Gniedla* (Kartoffelklöße) und Krautsalat.

Heimat aufm Teller e.V. – Köstliches aus dem Nürnberger Land

» Wir servieren ›Heimat aufm Teller‹, wir verwenden ihre Produkte und verwöhnen damit unsere Gäste.
Michael Bauer und sein Team «

© Fotos: Thomas Geiger

Das Schäufele ist ein typisches Sonntagsessen in Franken, das aus der Schweineschulter komplett mit Knochen und Schwarte zubereitet wird. Das Fleisch ist zart und die Schwarte rösch. Und genau das ist das Besondere, diese knusprige und sehr leckere Kruste.

Das **Café Bauer** ist eine Institution seit 1955. Als Traditionsrestaurant hat man sich der regionalen Küche im „neuen Design" verschrieben. Hier wird aus besten Zutaten eine authentische fränkische Küche gepflegt. Eine Besonderheit ist der „Schäufeleburger", der eine kulinarische Tradition zwischen zwei selbst gebackenen Burger-Buns neu interpretiert.

Der Familienbetrieb gehört zur Initiative **Heimat aufm Teller.** Denn wer sich Heimat schmecken lässt, der schützt sie auch, so die Philosophie des Hauses. Saisonale Produkte, Biere, Edelbrände und Frankenweine werden auf kurzen Wegen direkt vom Erzeuger bezogen. So entstehen Geschmackserlebnisse, die die Vielfalt der Heimat zum Ausdruck bringen.

© Thomas Geiger

© Thomas Geiger

© Steinbauer

Gasthof Restaurant Café Bauer
Familien Bauer und Reif
Martin-Luther-Straße 16
91217 Hersbruck
09151-81880
www.restaurant-cafe-bauer.de

SPALT

GENUSSLANDSCHAFT MIT REINHEITSGEBOT

Die Hopfenstadt Spalt mit dem Radl entdecken.

Die bekannte Bierstadt im fränkischen Seenland ist außer cittaslow eine der ersten „100 Genussorte Bayern“. Die in einer malerischen Kulturlandschaft gelegene Talsohle bietet ideale Voraussetzungen für den Anbau von Sonderkulturen wie Spargel, Kirschen und Hopfen.

Die **Braukultur** ist alt und glorreich – und ein wichtiges Identifizierungsmerkmal der Stadt, denn jeder einzelne Bürger ist Miteigentümer einer der letzten kommunal geführten Brauereien in Deutschland. Und damit auch Botschafter einer ureigenen Spezialität. Mit dem Bürgermeister als Brauereichef in Personalunion.

„Zeit für Geschmack" lautet auch das Motto der 5000-Einwohner-Gemeinde an der *Fränkischen Rezat,* die sich fern des Nürnberger Großstadttrubels still und friedlich durch die Landschaft Mittelfrankens gräbt.

In Spalt ist die Philosophie von cittaslow in vielen Bereichen selbstverständlich. Man pflegt Traditionen und Handwerk, legt Wert auf die Verarbeitung regionaler Produkte und eine entschleunigte Lebensqualität, die von ökologischer, sozialer und wirtschaftlicher Nachhaltigkeit gekennzeichnet ist. Inhabergeführte Geschäfte prägen das Stadtbild. Ateliers, Kreative und freischaffende Künstler laden zum individuellen Entdecken ein. Ein großer Teil der lokalen Gastronomie bekennt sich zur **Slow-Food-Bewegung** und serviert regionale und saisonale Genusserlebnisse par excellence.

Neben der Braukunst sind auch das Bäcker- und Fleischerhandwerk sowie die Obstveredelung in Spalt tief verwurzelt. Etliche Betriebe sind seit mehreren Generationen in Familienbesitz. Aus

Grün-blaue Idylle: Auch der Große Brombachsee und der Igelsbachsee locken Besucher nach Spalt und seinen am Ufer gelegenen Ortsteil Enderndorf am See.

© Hajo Dietz

Überzeugung vereinen sie das kostbare Erbe traditioneller Herstellungsverfahren und Rezepten mit einem hohen Qualitätsanspruch und modernen Ideen für die Zukunft.

Die Stadt am Ufer des **Großen Brombachsees** hält für alle Generationen ein umfangreiches Sport-, Bildungs- und Freizeitangebot bereit. In den Museen spiegelt sich die lange Vergangenheit des Ortes, beim *Hopfenzupffest* wird die Gegenwart gefeiert in einer charmanten Stadt mit Menschen, die den Rhythmus der Jahreszeiten, die Originalität der Produkte und die Spontaneität der Geselligkeit zu schätzen und zu genießen wissen.

Am besten bei einem feinen **Spalter Bier.** Gebraut mit Malz aus der Region, bestem Spalter Aromahopfen, hauseigenem Quellwasser und feinster Brauhefe. Genuss, der Zeit für Reife braucht. Das „Spalter Manifest des Biers" hat Recht: „Wir sind nicht wie jeder andere. Angepasstheit ist nicht unser Ding. Trends laufen wir nicht hinterher. Denn wir finden, dass im Mainstream eines allzu oft untergeht: die Eigenart."

(Zitat: spalter-bier.de/brauerei/spalter-manifest)

Prächtige Fachwerkhäuser in der Gänsgasse und schmale Häuser wie das Schlenzgerhaus – die Altstadt von Spalt lohnt eine Entdeckungstour.

© Spalt Tourismus

© Spalt Tourismus

© HopfenBierGut

In der Hopfen- & Biererlebniswelt gibt es viel zu sehen (in der Bierwerkstatt), zu hören (an der Hörstation) und zu schmecken (an der ProBierBar).

unten: Türme und Tore kennzeichnen die Altstadt ebenso wie das historische Kornhaus der Stadt..

© Fotos: Spalt Tourismus

Mehr Infos:
Tourist-Info & Museum HopfenBierGut
Gabrieliplatz 1, im Kornhaus
91174 Spalt
09175-796550
spalt-tourismus.de

© Spalt Tourismus

Hier geht was:

- Altstadt, Kirchen, Stadtführungen, Feste uvm., spalt-tourismus.de.
- Stadtbrauerei, Führung und Bierprobe, spalter-bier.de.
- HopfenBierGut Museum, mit Bierprobe, hopfenbiergut.de.
- Kletterwald Enderndorf, abenteuer-wald.com.
- Großer Brombachsee und Igelsbachsee, www.zv-brombachsee.de.
- Erlebnisschifffahrt MS Brombachsee, msbrombachsee.com.
- Wakepark Brombachsee, wakepark-brombachsee.de.
- BarfußWonnenWeg, www.fraenkisches-seenland.de.
- Nächster Bhf Georgensgmünd, Bahnbus nach Spalt im Taktverkehr.

SCHÄUMENDER KULTURSCHATZ

HOPFEN- & BIERERLEBNISWELT

In den Spalter Braukesseln gärt es seit Jahrhunderten. Daher hat *die* Hopfen- und Biermetropole Frankens ihrem wichtigsten Kulturgut ein Museum geschenkt: In der **Genuss- und Erlebniswelt HopfenBierGut** kann man dem Schatz der Bierhauptstadt auf historischer, handwerklicher und sensorischer Ebene begegnen. Im alten **Kornhaus** ist auf mehr als 1200 Quadratmetern alles Wissenswerte über den Hopfenanbau und die Bierproduktion zusammengetragen. Mit dem Projekt hat Spalt seiner buchstäblich schäumenden Wirtschaftsgrundlage ein Denkmal gesetzt.

In der **interaktiven Ausstellung** erfährt man durch einen *dreidimensionalen Stadtplan* mehr über die Stadt, ihre genussreiche Geschichte und markante Architektur, die kulinarischen Traditionen sowie die Spalter Marken, die in alle Welt exportiert werden.

Durch eine Rundum-Kinoleinwand befindet man sich scheinbar mitten in einem *Hopfengarten*. So erfährt man viel über das Hopfenjahr und die Arbeiten, die bis zur Ernte anfallen. Im *begehbaren Braukessel* wird die Braukunst durch Fühlen, Riechen und Beobachten der Zutaten erlebbar. In der *Aromastation* werden die Sinne für die *ProBierBar* geschärft, wo man die Vielfalt der Biernoten schließlich selbst verkosten kann.

Durch den Neubau des **Bierhotels** ergeben sich neue gastronomische, aber auch touristische Möglichkeiten, so der Erste Bürgermeister *Udo Weingart:* „Das Bierkulturprojekt wird Schritt für

Im Museum Gelerntes gleich anwenden: Bierdeckel zum Bestimmen der Farbnuancen und Aromanoten.

Schritt weiterentwickelt und festigt die Identität unserer Stadt.“

Im alten Ortskern bleibt nicht nur historische Architektur erhalten, sondern auch die Genussvielfalt, die es den Menschen ermöglicht, vor Ort einzukaufen und regionale Produkte zu genießen.

Udo Weingart ist zudem überzeugt, dass mit der Erlebniswelt HopfenBierGut das **Fränkische Seenland** um eine Attraktion reicher geworden ist und sich daraus eine Dynamik für die gastliche Region entwickeln wird.

HopfenBierGut – Museum
Hopfen- & BierErlebnisWelt – HopfenBierGut im Kornhaus der Stadt Spalt
Gabrieliplatz 1
91174 Spalt
09175-796550
hopfenbiergut.de

Fränkischer Spargelsalat mit Schinken im Bierteig

Rezept von Simon Scheuerlein, Bayerischer Hof

Schinken im Bierteig

4 Eier
300 ml Milch
1 TL Salz
280 ml Spalter Dunkelbier
550 g Mehl
10 g Zucker
800 g Kochschinken

Spargelsalat

4 l Wasser
200 g Zucker
100 g Salz
½ Zitrone, Saft
2 – 2,5 kg bzw. 36 Stangen Spargel
60 g Essig
2 Bd. Schnittlauch
Rapsöl

Für den Teig die Eier trennen, dann Eigelb, Milch, Salz und Bier zu einem glatten Teig rühren und das Mehl unterheben. Das übriggebliebene Eiweiß aufschlagen, es soll aber nicht zu steif werden. Die Masse süßen und unter den Teig heben.
Den Schinken in Scheiben à 200 g schneiden und in Mehl wenden. Den mehlierten Schinken im Bierteig wenden und goldgelb in ca. 160 Grad heißem Butterschmalz ausbraten.

Für den Spargelsalat den Zitronensaft mit Salz, Zucker und Wasser aufkochen.
Spargel schälen und bissfest kochen.
2 l des Kochfonds mit Essig abschmecken und damit den Spargel bedecken. Abkühlen lassen.

Schnittlauch in feine Ringe schneiden und auf dem Spargel verteilen. Den angerichteten Spargel mit etwas Rapsöl beträufeln.

» *Nachhaltigkeit und Regionalität sind für mich selbstverständlich. Mit dieser Philosophie bin ich aufgewachsen.*
SIMON SCHEUERLEIN «

© Fotos: Spalt Tourismus

Der Bayerische Hof liegt ruhig und doch zentral am Rande der historischen Altstadt von Spalt. Von der Terrasse des Biergartens schaut man in den Stadtgraben mit hauseigenem Spielplatz. So zählen einheimische Familien wie radelnde Gäste vom Brombachsee ganz selbstverständlich zu den Gästen.

Im **Bayerischen Hof** vereinen sich eine hohe Produktqualität und tiefe Leidenschaft für Gastronomie. Mittlerweile arbeiten zwei Generationen in der Küche Hand in Hand: *Martin* und *Simon Scheuerlein* symbolisieren Tradition und Innovation unter einem Dach. Neben fränkischen Klassikern wie Sauerbraten, Biersuppe aus dunklem Spalter Bier oder Bratwürsten nach eigener Rezeptur findet man immer frische Gerichte, die das Angebot der Saison und des Marktes widerspiegeln. Die Beziehung zu den Lieferanten vor Ort ist eng, die Küchenkräuter für die herzhaft gewürzte, hausgemachte Wurst wachsen im eigenen Garten.
„Immer wieder anders“ ist das Motto des Hauses – und der Koch kommt gerne an den Tisch, um das Tagesgericht zu empfehlen.

Hotel & Gasthof Bayerischer Hof
Martina und Simon Scheuerlein
Albrecht-Achilles-Straße 2
91174 Spalt
09175-79600
www.bayerischer-hof-spalt.de

BERCHING

BEGEHBARES MITTELALTER

Einladend: Moderne Wohnhäuser sind in die historische Kulisse Berchings perfekt integriert und schaffen ein einladendes Stadtbild an der Sulz.

© Dietmar Denger

Seit vielen Jahrhunderten ist Berching das lebens- und liebenswerte Zentrum im ländlich geprägten Sulztal. Das Tor zum Naturpark Altmühltal liegt idyllisch am Main-Donau- und am historischen Ludwig-Donau-Main-Kanal mit seinen alten Schleusenwärterhäuschen und dem ruhigen Uferbereich, wo es sich entspannt verweilen lässt.

Raum zum Leben

Die lange **Kaufmanns- und Handwerkertradition** prägt das Stadtbild. Eindrucksvolle Bürgerhäuser, sorgsam gepflegte Gärten, reich geschmückte Kirchen und der offene Stadtbach spiegeln plastisch das Motto einer der ältesten Siedlungen der Region: *Raum zum Leben*. Zum guten Leben.

Durch die vollständig erhaltene **Stadtmauer** aus dem 15. Jahrhundert samt Wehrtürmen, Stadttoren und einem hölzrnen Umgang wird Geschichte in Berching buchstäblich begehbar. Selten lädt ein derart geschlossenes und gut erhaltenes mittelalterliches Stadtensemble zu Entdeckungsreisen in die Vergangenheit ein. Mächtige, bunt getünchte **Speicherhäuser** direkt am Marktplatz zeugen von der Blütezeit vor rund 500 Jahren. Prächtige Kulturdenkmäler, **Traditionsfeste** und historisch-szenische Stadtführungen über weite Plätze und durch mittelalterliche Gassen ermöglichen eindrückliche Begegnungen mit der Geschichte und dem Selbstverständnis des Ortes.

Doch die Geburtsstadt des Komponisten **Christoph Willibald Gluck** – dem hier ein Museum gewidmet ist – ist auch zu einer gastfreundlichen und weltoffenen Großgemeinde mit rund 9400 Einwohnern gereift, wo man Tradition und Moderne als gegenseitige Bereicherung versteht.

Man legt viel Wert auf eine behutsame und **maßvolle Stadtentwicklung.** Bauliche Nachverdichtungen werden in Einklang mit dem Bestand sensibel in die vorhandene Architektur integriert. Die Umgestaltung des *Vorstadtquartiers* zeigt, wie es in Berching gelingt,

oben: Die mittelalterliche Stadtmauer umschließt Berching und kann im Innern begangen werden.

unten: Den Marktplatz säumen prächtige Kaufmanns- und Speicherhäuser.

© oben links: Dietmar Denger, rechts und unten: ASie

Hier geht was:

- Historische Innenstadt mit begehbarer Stadtmauer.
- Benediktinerabtei Plankstetten, www.kloster-plankstetten.de.
- Museum Berching mit Heimatmuseum und Gluck-Ausstellung.
- Rosenfest im Juni, gerade Jahre.
- PLATZfest und Kanal im Feuerzauber im Juli.
- Rossmarkt im Februar, Bayerns größtes Wintervolksfest.
- Erlebnisbad Berle.
- Treidelfahrt auf dem Ludwig-Donau-Main-Kanal.
- Kalktuffterrasse Hoher Brunnen.
- Nächster Bhf Neumarkt i.d. OPf., von dort Bus 515 (Kanal-Altmühl-Express).

in einem historisch gewachsenen Umfeld ortsbildverträgliche und sinnvolle Nutzungskonzepte zum Wohle der Menschen zu realisieren.

Kulturell befeuert wird die Stadt durch eine **aktive Bürgergesellschaft** mit stattlichen 180 Vereinen. Das lokale Leben wird von traditionellen Festen, Theateraufführungen, Konzerten sowie einer regional wie saisonal geprägten **Slow-Food-Gastronomie** bereichert. Kulinarisch nicht versäumen sollten Gäste die Berchinger **cittaslow-Frühlingsküche:** Immer im März servieren örtliche Wirtshäuser gesunde und raffinierte Menüs zur Jahreszeit. Der „Wilde Herbst" im Oktober wird von Wildgerichten und herbstlichen Genüssen dominiert.

Im Frühjahr und Sommer ziehen *Pfingstvolksfest* und *PLATZfest* sowie die Veranstaltung *Kanal im Feuerzauber* zahlreiche Menschen in den Ort am Wasser. Anfang Februar, am Mittwoch nach Lichtmess, findet der *Berchinger Rossmarkt* statt, das größte **Wintervolksfest** Bayerns mitten in der historischen Innenstadt. Die Wurzeln der Veranstaltung reichen über 300 Jahre zurück. Die **Kulturhalle Christoph Willibald Gluck** als moderner Veranstaltungssaal bietet Platz für Feierlichkeiten, Theater, Tagungen und weitere Events.

Bezaubernde Natur

Berching, herrlich im **Sulztal** eingebettet, bietet zudem wunderschöne Natur- und Kulturlandschaften zum Wandern und Radfahren. Herrlich sind die Entdeckungstouren zu naturräumlichen Besonderheiten wie den **Kalktuffterrassen** namens *Hoher Brunnen,* zur *Schlucht in Thann* und zu Aussichtsplätzen mit beeindruckenden Panoramen.

Das **cittaslow-Fazit:** Berching bietet viel Raum zum Leben und zur Entschleunigung.

Naturphänomen: Die Sinterterrassen Hoher Brunnen.

Mehr Infos:
Tourismusbüro Berching
Pettenkoferplatz 12
92334 Berching
08462-20513
www.berching.de

Die cittaslow-Stadt liegt eingebettet in einer vielseitigen Natur- und Kulturlandschaft.

URBANE KULTUR-VERDICHTUNG

KULTURHALLE CHRISTOPH WILLIBALD GLUCK

Die architektonisch elegante **Kulturhalle** im Herzen Berchings fügt sich harmonisch ins Stadtbild ein und ist eine neue Bühne für alle Facetten der lokalen Kultur. Für den kleinen Ort nicht nur ein erfolgreiches Stück Stadtgestaltung, sondern auch ein gelungenes Beispiel für baulich-funktionale Verdichtung im urbanen Raum. Benannt ist die Kulturhalle nach einem Förstersohn, der sich im 18. Jahrhundert in ganz Europa einen großen Namen als visionärer *Komponist* gemacht und ein neues Kapitel der Operngeschichte aufgeschlagen hat: **Christoph Willibald Gluck** (1714 – 1787) ist der berühmteste Sohn der Stadt.

Nach einer intensiven Standortsuche für den Ersatzneubau der alten *Kulturfabrik* wurde eine innerstädtische Fläche mit leer stehender Gebäudesubstanz von der Stadt erworben und für die Zukunft entwickelt. Durch den attraktiven Neubau aus Holz und Sichtbeton konnte der wertvolle innerstädtische Bereich an der *Sulz* neu geordnet werden. Im Einklang mit der Sanierung des Hotels *Post Berching* und der Neugestaltung des Sulzufers wurde so ein ansprechender Raum und Wohlfühlort inmitten der historischen Altstadt geschaffen.

Direkt an der Sulz: Die Kulturhalle Christoph Willibald Gluck im neu gestalteten Vorstadtquartier verbindet Historie und Moderne.

Das Gebäude mit seinem steilen Satteldach offenbart **klare Konturen** und interpretiert gleichsam die **traditionellen Merkmale** der historischen Scheunen in einem modernen Vokabular. Das Bauholz stammt ausschließlich aus dem städtischen Wald. Die Dach- und Giebelflächen bestehen aus Fichte, ergänzt durch ein markantes Gitter aus Schwarzkiefer für die Fassadenverkleidung.

Alle Hölzer sind schonend ohne Giftstoffe konserviert worden. Der **Saal** mit Bühne und Backstage-Bereich bietet Platz für verschiedene Bestuhlungs- und Veranstaltungsvarianten und ist energetisch auf der Höhe der Zeit.

Die Kulturhalle ist ein herausragendes Beispiel für eine intelligente, zukunftsweisende Stadtentwicklung. Herrn von Gluck hätte es sicherlich gefallen!

4 HOCHWERTIGE BILDUNG

9 INDUSTRIE, INNOVATION UND INFRASTRUKTUR

Stadt Berching – Kulturhalle
Kulturhalle Christoph Willibald Gluck
Klostergasse 8
92334 Berching
08462-20551
www.kulturhalle-berching.de

OBERPFÄLZER BRAUER-SCHNITZEL MIT WEISSBIER-HOLLANDAISE

Rezept von Michael Weidinger, Post Berching

600 g Schweinerücken oder -oberschale
1 EL Sahnemeerrettich
2 EL süßer Senf
150 g Malz
150 g Semmelbrösel
4 Eier
100 g Mehl (Type 405)

WEISSBIER-HOLLANDAISE
250 g Butter
250 ml Weißbier
Salz
Zucker
Piment
½ Zitrone, Saft
4 Eigelb
Wasser

SPARGEL
1 TL Zucker
1 TL Salz
50 g Butter
12 Stangen weißer Spargel
8 Stangen grüner Spargel

Das Fleisch in Scheiben schneiden und klopfen.
Sahnemeerrettich und Senf vermengen, beiseite stellen.
Für die Panade Malz und Semmelbrösel mischen. Die Eier verquirlen. Dann Mehl, Eier und Panade in drei flachen Schalen bereitstellen.

Für die Weißbier-Hollandaise die Butter in einem Topf bei geringer Hitze zergehen lassen. Weißbier mit Salz, Zucker, Piment und Zitronensaft auf ca. 50 Grad in einer Schüssel über dem Wasserbad erwärmen. Die Flüssigkeit zusammen mit dem Eigelb schaumig schlagen, bis die Masse leicht andickt. Danach die zerlassene Butter unter ständigem Schlagen langsam hinzugeben und die Soße vom Herd nehmen.

Für den Spargel in einem großen Topf Wasser, Zucker, Salz und Butter zum Kochen bringen. Den weißen Spargel in das kochende Wasser geben, von der Platte nehmen und 5 Min. mit geschlossenem Deckel ziehen lassen.
Dann grünen Spargel hinzugeben und nochmals 5 Min. ziehen lassen.

Das Fleisch mit Salz und Pfeffer würzen, mit der Meerrettich-Senf-Masse bestreichen und in Mehl wenden. Schnitzel durch die Ei-Masse ziehen und in der Panade wenden. In Butterschmalz oder reichlich Öl goldbraun ausbacken. Dazu passen Salzkartoffeln.

» Regionale Produkte sind bei uns die wichtigen Grundlagen für den perfekten Genuss. Der Kontakt zu lokalen Erzeugern steht an erster Stelle.
MICHAEL WEIDINGER «

Die Post Berching ist ein schickes Hotel mit Bar und Restaurant in einem barocken Stadtpalais. Seit 1736 besteht das Hauptgebäude des früheren Hotels Post in der Berchinger Vorstadt. Nach einer zuletzt langen Phase des Leerstands hauchen nun Denise und Christian Amrhein der Post neues Leben ein.

In der **Post Berching** bildet ein vertrauensvolles Miteinander die Basis des täglichen Handelns. Glaubwürdigkeit, Herzlichkeit und Zusammengehörigkeit sind die Grundpfeiler in diesem familiengeführten, in die Moderne transformierten Traditionshaus. Das spüren auch die Gäste dieses besonderen **Restaurants,** in welchem die beiden Küchenchefs *Matthias Bersch* und *Michael Weidinger* mit hochwertigen lokalen Zutaten **Slow-Food-Gerichte** kreieren. Sie können auch im Außenbereich vor der Kulturhalle genossen werden. Stilvoll sitzt man abends in der eleganten **Post-Bar.** Das **4-Sterne-Hotel** überzeugt mit seinen 32 individuell eingerichteten Zimmern und Suiten. Dank dieser umfassenden Modernisierung gehört das barocke Palais wieder prägend zum Stadtbild.

Post Berching
Johannesbrücke 5
92334 Berching
08462-200420
www.post-berching.de

NÖRDLINGEN

DIE SCHÖNSTEN ECKEN SIND RUND

Der unversehrte Altstadtring ist weltweit einmalig. Die mittelalterliche Stadtmauer mit dem begehbaren Wehrgang, den zwölf Türmen und fünf Toren umschließt auf 2,7 Kilometer Länge vollständig den Ort. Die zahlreichen alten Gassen innerhalb des Rings machen Vergangenheit erlebbar.

Historisches Fachwerk, der prägende Turm der *St.-Georgs-Kirche* und die fünf Stadttore spiegeln die Geschichte Nördlingens als reiche Handelsstadt, die hier im bayerischen Teil Schwabens in vielen Bereichen erhalten geblieben ist.

Kreisrund ist auch der **Meteoritenkrater**, der hier vor rund 15 Millionen Jahren entstanden ist. Im **UNESCO Global Geopark Ries** sind die Böden besonders ertragreich, daher wird diese Region auch die „Kornkammer Bayerns" genannt. Neben heimischem Getreide kommen hier vor allem Kartoffeln und Spargel auf den reich gedeckten Tisch. Die vielen wilden Wacholdersträucher, die im Rieskrater wachsen, liefern die Grundlage für einen hervorragenden Gin.

Lebendiges Mittelalter

Trotz ihrer runden Kontur zeigt die einst für sechs Jahrhunderte souveräne Reichsstadt aufregende Ecken und Kanten – im Selbstverständnis wie im Stadtbild. Verwinkelte Gassen und reizvolle Plätze mit herrschaftlichen Gebäuden führen zum mittelalterlich präg-

Eingebettet im Asteroidenkrater: Kraterrand und Ries sind deutlich erkennbar. Ebenso, dass Nördlingen kreisrund von einer geschlossen erhaltenen Stadtmauer umgeben ist. Sie ist von innen begehbar.

ten **Marktplatz,** wo einst Gerber und Tuchhändler ihre Waren anboten. Architektonische Kontraste und wechselnde Blickachsen laden zum Entdecken ein. Die gesamte Nördlinger Altstadt beherbergt eine Fülle von liebevoll renovierten, prachtvollen Häusern aus dem Mittelalter und der Renaissance. In der *Spitalkirche* sind bis heute wertvolle Wandmalereien aus dem 14. Jahrhundert erhalten geblieben und die *Eger* plätschert romantisch am großen Wasserrad der früheren *Neumühle* vorbei. In den **Museen** und bei den zahlreichen **Stadtfesten** – allen voran die über 800 Jahre alte *Nördlinger Mess'* – lebt die Tradition bis heute weiter.

Feststimmung rund ums Jahr

Doch Nördlingen besteht nicht nur aus Mittelalter und ist keineswegs museal. Als moderne Stadt mit hohem **Kultur-, Sport- und Freizeitwert** präsentiert man sich als aufgeschlossenes Zentrum mit einem vitalen Kulturleben und einem offenen Blick weit über die Stadtmauern hinaus. Das sommerliche **CittaSlow-Festival** im Herzen des Ortskerns ist eine lebendige Bühne für heimische Kulinarik, Musik und regionaltypisches Handwerk. Ein Fest für Kultur, Geschmack und Gastfreundschaft mit einer klaren Botschaft: Nachhaltigkeit, Regionalität und Lebensqualität.

Hier geht was:
- Kirchturm Daniel.
- RiesKraterMuseum, www.ries-krater-museum.de.
- Nördlinger Mess': beginnt immer am Tag nach Fronleichnam im Juni.
- CittaSlow-Festival alle drei Jahre im August.
- Freilichtbühne Alte Bastei, www.freilichtbuehne-noerdlingen.de.
- Wochenmarkt, Mittwoch 8 – 13 Uhr, Samstag 8 – 14 Uhr.
- Erlebnisgeotop Lindle, www.geopark-ries.de.
- RB Aalen – Donauwörth, Nördlingen – Gunzenhausen.

Mehr Infos:
Tourist-Information Nördlingen
Marktplatz 2
86720 Nördlingen
09081-84116
www.noerdlingen.de

Das „Steinhaus zu Nördlingen" ist seit nunmehr über 600 Jahren das Rathaus der Stadt.

„So, G'sell, so" erschallt es jeden Abend vom Daniel, dem Turm der Hauptkirche St. Georg.

© Fotos: Tourist-Information Nördlingen

Heide-Lämmer grasen im Ries-Krater und sorgen für eine natürliche Mahd.

© Geopark Ries e.V., Fotograf Marco Kleebauer

KRATER MIT GESCHMACK

UNESCO GLOBAL GEOPARK RIES

Vor rund 15 Millionen Jahren hat ein massiver **Asteroideneinschlag** die Landschaft im **Nördlinger Ries** nachhaltig beeinflusst: Durch den Aufprall und die daraus folgende Explosion entstand eine Kraterlandschaft, die ökologisch wie geologisch ein wertvolles Erbe darstellt. Ein Naturschatz, den es zu erhalten gilt.
Seit 2006 bereits fördert die Stadt Nördlingen zahlreiche Aktivitäten, um die Arbeit des **Geoparks** zu unterstützen, der 2022 in die **UNESCO**-Familie aufgenommen wurde. Die Ziele der UN-Organisation decken sich mit jenen der cittaslow-Bewegung und fordern eine nachhaltige Entwicklung der Region.

So schmeckt das Ries

In diesem Kontext entstand die Initiative **Geopark Ries kulinarisch,** in der sich Partner aus Landwirtschaft, Vermarktung und Gastronomie Hand in Hand für einen ökologischen Anbau von Lebensmitteln, deren handwerkliche Verarbeitung ohne künstliche Zusatzstoffe und einen ressourcenschonenden Vertrieb stark machen. So kommen frische Produkte aus dem Umland ohne Umwege direkt zum Kunden und in die Küchen von Gaststätten und Restaurants: Fleisch vom Galloway-Rind oder Heide-Lamm, Bio-Kartoffeln, Dinkel, Emmer sowie die Ölsaatfrucht Leindotter, Gemüse, Kräuter oder Spirituosen und Bier. Die **Kulinarikpartner**, die einem selbst auferlegten Ehrencodex folgen, sind durch das Label „Geopark Ries kulinarisch" für Kunden und Gäste erkennbar.

© Geopark Ries e.V.

Das Projekt zeigt, wie einer Verarmung des Angebots durch industriell gefertigte Produkte entgegengewirkt und die Identität der heimischen Küche wieder hervorgehoben werden kann. Mit sichtbarem Erfolg, wenn man einen Blick auf die Auslagen auf dem Nördlinger Wochenmarkt oder die Menükarten der Gasthäuser wirft: Der Gast schmeckt das ökologisch ausgeführte Handwerk und die naturbelassenen Früchte einer einzigartigen Landschaft, die einst so explosiv entstanden ist.

Geopark Ries Infozentrum Nördlingen
UNESCO Global Geopark Ries
Eugene-Shoemaker-Platz 3
86720 Nördlingen
09081-2738220
www.geopark-ries.de

RIESER BAUERNTORTE

Rezept aus dem UNESCO Global Geopark Ries

HEFETEIG
500 g Mehl (Typ 405)
20 g frische Hefe
80 g Zucker
1 Pck. Vanillezucker
1/8 l Sahne oder Milch, lauwarm
60 g Butter
1/2 EL Schmalz
Zitronenschale, Abrieb
2 Eier
Salz
Rum
Butter für die Backform
etwas Semmelbrösel

FÜLLUNG
1,5 kg dickflüssiges Apfelmus
50 g Zitronat, fein gehackt
50 g Orangeat, fein gehackt
Rosinen, fein gehackt
50 g Soßenlebkuchen, fein gehackt
150 g geriebene Haselnüsse
1 Pck. Vanillezucker
1 TL Zimt
1 Msp. Nelkenpulver

Für die Torte zunächst einen klassischen Hefeteig herstellen und diesen min. 1 Std. an einem warmen Ort gehen lassen. Dann die Teigmasse halbieren, ausrollen und damit eine runde Form (50 cm) oder ein Backblech belegen. Semmelbrösel darauf verteilen, damit der Teig nicht von der Füllung durchnässt wird.

Für die Füllung alle Zutaten miteinander vermengen. Die Füllung auf dem Teig verstreichen.

Die zweite Teighälfte auf gleiche Größe ausrollen und mit einem Muster nach Wunsch verzieren (Ornamentstecher oder Gitterschneider benutzen). Dann die Füllung damit abdecken. Wer sie nachträglich verzieren will, kann eine Schere fürs Muster benutzen.
Die Teigränder der unteren Teighälfte und des verzierten Teigdeckels gut zusammendrücken. Den Teigdeckel mit Eigelb bestreichen.

Die Torte 12 – 20 Min. bei 200 Grad (Ober-/Unterhitze) backen bis die Bauerntorte goldbraun ist. Etwas abkühlen lassen.

Tipp
Die Rieser Bauerntorte ist oftmals in den örtlichen Bäckereien erhältlich, wie z.B.:
Bäckerei Weißgerber
Eisengasse 3
86720 Nördlingen
09081-2902900
www.baeckerei-weissgerber.de

ÜBERBLICK
ALLE CITTASLOW-ORTE

ZIELE FÜR NACHHALTIGE ENTWICKLUNG

1. Armut in jeder Form und überall beenden.

2. Den Hunger beenden, Ernährungssicherheit und eine bessere Ernährung erreichen und eine nachhaltige Landwirtschaft fördern.

3. Ein gesundes Leben für alle Menschen jeden Alters gewährleisten und ihr Wohlergehen fördern.

4. Inklusive, gerechte und hochwertige Bildung gewährleisten und Möglichkeiten lebenslangen Lernens für alle fördern.

5. Geschlechtergleichstellung erreichen und alle Frauen und Mädchen zur Selbstbestimmung befähigen.

6. Verfügbarkeit und nachhaltige Bewirtschaftung von Wasser und Sanitärversorgung für alle gewährleisten.

7. Zugang zu bezahlbarer, verlässlicher, nachhaltiger und moderner Energie für alle sichern.

8. Dauerhaftes, inklusives und nachhaltiges Wirtschaftswachstum, produktive Vollbeschäftigung und menschenwürdige Arbeit für alle fördern.

9. Eine widerstandsfähige Infrastruktur aufbauen, inklusive und nachhaltige Industrialisierung fördern und Innovationen unterstützen.

10. Ungleichheit in und zwischen Ländern verringern.

11. Städte und Siedlungen inklusiv, sicher, widerstandsfähig und nachhaltig gestalten.

12. Nachhaltige Konsum- und Produktionsmuster sicherstellen.

13. Umgehend Maßnahmen zur Bekämpfung des Klimawandels und seiner Auswirkungen ergreifen.

14. Ozeane, Meere und Meeresressourcen im Sinne nachhaltiger Entwicklung erhalten und nachhaltig nutzen.

15. Landökosysteme schützen, wiederherstellen und ihre nachhaltige Nutzung fördern, Wälder nachhaltig bewirtschaften, Wüstenbildung bekämpfen, Bodendegradation beenden und umkehren und dem Verlust der Biodiversität ein Ende setzen.

16. Friedliche und inklusive Gesellschaften für eine nachhaltige Entwicklung fördern, allen Menschen Zugang zur Justiz ermöglichen und leistungsfähige, rechenschaftspflichtige und inklusive Institutionen auf allen Ebenen aufbauen.

17. Umsetzungsmittel stärken und die Globale Partnerschaft für nachhaltige Entwicklung (Sustainable Development Goals) mit neuem Leben erfüllen.

IMPRESSUM

© 1. Auflage 2023. pmv Peter Meyer Verlag. Annette Sievers. Am Weidenberg 18. 55291 Saulheim in Rheinhessen. Fon 06732/6000491. www.PeterMeyerVerlag.de.

Umschlag- und Buchkonzept sowie Text, Gliederung und Layout, Grafiken, Piktogramme und Illustrationen sind urheberrechtlich geschützt. Abdruck und Einspeisung in elektronische Medien, auch auszugsweise, nur mit Genehmigung des Verlags.

Herausgeber & Inhalte: cittaslow e.V. www.cittaslow.de. Texte: die Orte, redaktionelle Mitarbeit: Thomas Tritsch.

Gestaltung & Umschlag: Nicole Gehlen, www.königsblau-design.de, und Annette Sievers. Gesetzt aus der Interstate und Meta Pro.

Fotos: Alle Rechte bei den Orten bzw. wie beim jeweiligen Foto angegeben. U1 links mauritius images, rechts GU Ulrike Holsten, unten und U4 Adobe Stock.

SDG-Logos: United Nations Department Of Global Communications.

Druck & Bindung: Umweltdruckerei oeding print GmbH, Braunschweig, www.oeding-print.de.

Bezug: ISBN 978-3-89859-117-1 (print), 978-3-89859-227-7 (PDF). Erhältlich bei den genannten Orten, im Buchhandel und direkt über den Verlag.

Preisträger Deutscher Verlagspreis 20

Preisträger Deutscher Verlagspreis 22

pmv ist zweifacher Träger des Gütesiegels Deutscher Verlagspreis des Bundesministeriums für Kultur und Medien für herausragende Leistungen in der verlegerischen Tätigkeit.

Seit seiner Gründung 1976 setzt sich der Verlag für Toleranz und Nachhaltigkeit ein. Durch achtsamen Umgang mit Rohstoffen und Vermeidung von Plastik sowie Nutzung umweltfreundlicher Papiere und grünem Strom helfen wir, die Natur zu bewahren. Mit unserer konsequenten Haltung setzen wir im Buchbereich Maßstäbe.

Umschlag und Inhalt dieses Buches wurden auf Recyclingpapier gedruckt. Alle Bestandteile des Buches (Druckfarben, Kleb- und Hilfsstoffe) sind frei von Mineralölen und tierischen Bestandteilen (vegan). Unsere Klimaspende für dennoch entstandene Emissionen fließt einem regionalen Waldprojekt zu: Für mehr Bäume und weniger CO_2.

Alle Auszeichnungen, Umwelturkunden und unsere Nachhaltigkeitserklärung finden Sie auf unserer Webseite www.PeterMeyerVerlag.de.

www.blauer-engel.de/uz195
- ressourcenschonend und umweltfreundlich hergestellt
- emissionsarm gedruckt
- aus 100 % Altpapier

XQ4

Klimaneutral Druckprodukt
ClimatePartner.com/11339-2303-1007

pmv nachhaltig. seit 1976. PETER MEYER VERLAG